JN121007

衛生管理者試験問題集

解答 & 解説

中央労働災害防止協会

は　じ　め　に

　衛生管理者制度は、我が国独自の制度として、昭和22年の労働基準法制定と同時に誕生し、衛生管理者に選任できる資格として、衛生管理者免許が創設されました。その後、昭和41年に新たに衛生工学衛生管理者免許が創設され、さらには、平成元年には衛生管理者免許が、第一種衛生管理者免許と第二種衛生管理者免許に分化されるなど、労働衛生を取り巻く時代の変化とともに変遷してきました。

　また、衛生管理者に求められる役割についても、創設当初は健康診断の確実な実施による職業性疾病の早期発見、特に肺結核等の対策や職場環境の改善等が中心でしたが、その後、労働者の健康づくり・生活習慣病対策、化学物質による健康障害防止対策や過重労働防止対策に加え、メンタルヘルス対策が重要な課題となってきました。このため、衛生管理者はスタッフ職として、各ラインの労働者に一番身近な立場にあって、これらの課題に取り組むための企画・調整の業務を担当するとともに、産業医をはじめ、保健師（産業保健職）、看護師（産業看護職）などの産業保健に関する専門のスタッフをコーディネートするなどの大きな役割を担うようになっています。

　国家試験である衛生管理者資格への関心は依然として高い状況にあります。本書は、過去5年間の公表試験問題を分析・精査し、各試験科目・範囲を出題テーマ別に整理したものです。衛生管理者免許試験を受験される方が、衛生管理者免許試験の受験用テキスト『衛生管理（上）（下）－第2種用－』（中央労働災害防止協会発行）と併せて使用し、本書をもとに繰り返し学習すれば合格できるように編集してあります。本書には、各項目ごとに当該テキストの該当箇所を明示していますので、是非とも当該テキストと本書を併せて学習されることをお勧めいたします。

　本書を活用して、国家試験である衛生管理者免許試験に合格されることを願ってやみません。

令和6年3月

中央労働災害防止協会

目　　次

Ⅰ　関係法令　　15

凡例　〜　本書で使用する法令等の略語は次のとおりです。

安衛法　　　　労働安全衛生法

安衛令　　　　労働安全衛生法施行令

安衛則　　　　労働安全衛生規則

事務所則　　　事務所衛生基準規則

労基法　　　　労働基準法

労基則　　　　労働基準法施行規則

女性則　　　　女性労働基準規則

年少則　　　　年少者労働基準規則

本書の活用にあたって

　衛生管理者免許試験は、他の多くの資格試験とは違って、受験に際しては原則として実務経験を必要としています。本書を使用される皆様におかれても、受験にあたって「事業者証明書」の提出が必要なことから、会社の業務命令により受験される人も多いと考えられます。

　試験勉強の第一の目的は、衛生管理者免許試験に合格することです。あたり前のことですが、医師免許など衛生管理者に選任することのできる他の免許・資格を所持している人以外におかれては、衛生管理者免許試験に合格し免許を与えられなければ、いくら自分に労働衛生管理の知識があるといっても、誰にも認めてはもらえません。さらに、所属する事業場が、常時50人以上の労働者を使用している場合で、衛生管理者が一人も選任されていなければ、労働安全衛生法違反の状態が続くことになるのです。

　衛生管理者免許試験に合格した後、事業場の衛生管理者に選任された際には、本書の姉妹書である『衛生管理（上）（下）－第2種用－』は、衛生管理者選任後の実務マニュアルとしての役割も兼ねていますので、衛生管理の実務については、同書を活用しながらOJTの中で学んでいくことになります。

　それでは、以下に衛生管理者免許試験受験にあたっての留意事項および本書の活用の仕方を示します。

I 衛生管理者免許試験受験にあたっての留意事項

1 本書掲載の過去問は満点を目指しましょう！

　衛生管理者免許試験の合格基準は、厚生労働大臣指定試験機関である公益財団法人安全衛生技術試験協会の「免許試験受験申請書」の冊子によると、「科目ごとの得点が40％以上で、かつ合計点が60％以上であること。」と示されています。

　つまり、全体として60％以上の正解率が求められているわけですが、だからといって、80％の正解を目指すなどと目標を低く掲げることは適当ではありません。目標を低く掲げることは学習意欲の動機付けを欠くばかりか、いつまでたっても合格できないといった事態を招くことになりかねません。

　衛生管理者免許試験は、公益財団法人安全衛生技術試験協会の全国7か所の安全衛生技術センターという試験場あるいは出張特別試験が各地の大学や大きなホール等で実施されます。そこでは、何百人という受験者が一堂に会して受験します。また、普段の職場への通勤とは違って、人によっては遠距離の移動になる上、場合によっては満員のバスに乗車したり、また、試験場の雰囲気などにより、普段とは違う心理状態になりがちです。

　さらに、中には複数の知識を組み合わせることで正答を出せる問題が出題される場合もあります。あわてると、思わぬケアレスミスをすることもあります。

　実際の試験に臨むときは、解きやすい問題から着手して、限られた試験時間内で1点でも多く獲得し、トータルで合格点に達するよう取り組みましょう。

　事前の準備として、少なくとも本書に掲載された問題については、繰り返し学習することにより全問正解を目指せば、思わぬ問題が出題されたとしても、合格基準をクリアできるものです。

2　科目ごとの合格基準点に注意しましょう！

第二種衛生管理者免許試験の試験科目、出題数、配点は次の表のとおりです。

試験科目	出　題　数	配点	問番号
関係法令	10問	100点	問 1 ～問10
労働衛生	10問	100点	問11～問20
労働生理	10問	100点	問21～問30
合　　　計	30問	300点	

　衛生管理者免許試験では、合格の場合は「免許試験合格通知書」が送付されます。それ以外の場合は、「免許試験結果通知書」で点数が通知されますので、それで結果を確認することができます。合計点がたとえ60％以上であっても、1科目でも得点が40％未満の科目があると合格とはなりません。

　このため、各試験科目をまんべんなく合格点を取れるように学習することが肝要です。

3　マークシートの記入に注意しましょう！

　衛生管理者免許試験はマークシート方式で実施されます。仕事の関係で他の国家試験を受験されたことがある方にはお馴染みかと思いますが、労働安全衛生法に基づく免許試験の場合は、他の国家試験で多く採用されている横書きの長方形の枠を塗りつぶす方式ではなく、短冊状の解答用紙に縦書きの長方形の枠を HB 又は B の鉛筆で塗りつぶすことになっています。

　試験の開始前には、試験官から詳細な説明がありますが、マークの仕方だけではなく、例えば、受験番号の書き方や、解答用紙が各試験共通になっていますので、所定の欄に「第二種衛生管理者」と記入することなど、この説明をよく聞いて正確に記入するとともに、くれぐれも問番号とマークする箇所を間違えることのないよう、落ちついて、慎重に解答することが必要です。こうしたちょっとしたことが、合否を左右することにもなりかねないのです。

4　不安を自信に変えましょう！

　衛生管理者免許試験に合格するための近道は、まず、相手、すなわち、試験問題の傾向を知ることです。

　本書は、過去5年間の公表試験問題を分析・精査した、いわゆる「過去問集」です。衛生管理者免許試験に限らず、国家試験の攻略のためには過去問の攻略が一番であるとよく言われますが、一字一句がまったく同じ問題はほとんど出題されません。選択肢の順番や一部の内容が入れ替わったり、数値が違ったりします。

　また、設問は「正しいものはどれか」と「誤っているものはどれか」の2つが多いのですが、4項目の中から正しいものの組み合わせを問うような問題も見受けられます。

　過去問を解くということは、こうした試験問題の「くせ」に慣れることでもあります。また、試験問題にはいろいろなパターンがあります。このことから、本書では、いわゆる「類問」とよばれる関連問題も、原則としてもれなく掲載しています。変幻自在の試験問題に対処するためには、こうした多くのパターンの問題を繰り返し解き応用力を身につけることが、合格するための近道です。そして、そのことが試験に対する不安を、合格する自信に変えるのです。

Ⅱ　本書の活用の仕方

1　理解度をチェックしましょう！

　各設問の前に□□欄を設けていますので、繰り返し設問を解いて、正解したらチェックをする、あるいは、理解しにくい設問をチェックするなどの自分にあった活用をしてください。

2　「解答にあたってのポイント」を活用しましょう！

　各設問を解いたあとに、さらに、類問を解くためのヒントや暗記すべき内容について記載しています。特に理解しにくい設問は、テキストの該当ページを復習するとともに、このポイントを必ずチェックしましょう。

3　選択肢を活用しましょう！

　設問は、「正しいものはどれか」と「誤っているものはどれか」の２つに大きく分かれます。正しい内容の正解肢を暗記し、また、誤っている選択肢は、どこが誤っているのかをしっかりと復習しましょう。

※　各問題に記している【　】は、例えば【R5年４月／問１】とは、「令和５年４月」に、「問１」として公表された問題であることを示しています。また、同様の問題が複数年出題されている場合は、【R5年・H31年４月／問１】などと表記しています。令和をR、平成をHと表しています。

　なお、現行法令からみて、改正前の条項に基づく問題は原則として削除、あるいは解説に注釈を加えています。

　平成30年以前の公表試験問題でも、今後もマークしておきたいものは、「参考問題」として紹介しています。

第二種 衛生管理者 公表試験問題 出題分析表

I 関係法令		R5/10	R5/4	R4/10	R4/4	R3/10	R3/4	R2/10	R2/4	R1/10	H31/4
1 労働安全衛生法											
1	衛生管理体制	○	○	○	○			○	○		○
2	衛生管理者の選任		○			○	○			○	
3	衛生管理者の業務							○	○	○	
4	産業医	○			○						
5	衛生委員会	○	○		○			○	○	○	
6	安全衛生教育				○	○	○	○	○	○	○
7	健康診断	○	○	○	○	○	○	○	○	○	○
8	医師による面接指導	○	○	○	○	○	○	○	○	○	○
9	労働安全衛生規則の衛生基準	○	○	○	○	○	○	○	○	○	○
10	事務所衛生基準規則	○	○	○	○	○	○	○	○	○	○
11	その他	○									
2 労働基準法											
1	労働時間等		○			○	○	○			
2	年次有給休暇	○	○	○	○	○					
3	妊産婦の保護等	○		○			○	○	○	○	○

II 労働衛生		R5/10	R5/4	R4/10	R4/4	R3/10	R3/4	R2/10	R2/4	R1/10	H31/4
1	温熱条件	○	○	○	○	○	○	○	○	○	○
2	採光、照明等			○	○	○	○	○	○	○	○
3	事務室における換気等	○		○	○	○			○	○	
4	作業管理		○								
5	健康診断	○						○	○		
6	労働衛生管理統計	○	○	○	○	○					
7	労働者の健康保持増進		○				○		○		○
8	労働者の心の健康の保持増進		○				○		○		
9	情報機器作業における労働衛生管理	○				○					○
10	職場における受動喫煙防止対策	○	○	○							
11	職場における腰痛予防対策	○		○		○	○	○	○	○	○
12	一次救命処置							○	○	○	○
13	応急手当					○	○		○	○	○
14	食中毒	○	○	○	○	○	○	○	○	○	○

II	労働衛生	R5/10	R5/4	R4/10	R4/4	R3/10	R3/4	R2/10	R2/4	R1/10	H31/4
15	脳血管障害と虚血性心疾患	○	○	○		○		○	○		○
16	快適職場環境				○						
17	その他		○		○	○					

III	労働生理	R5/10	R5/4	R4/10	R4/4	R3/10	R3/4	R2/10	R2/4	R1/10	H31/4
1	血液	○	○	○		○		○	○	○	○
2	心臓の働きと血液循環	○	○	○		○		○	○	○	○
3	呼吸	○	○	○		○	○	○	○	○	○
4	栄養素の消化・吸収	○	○	○		○	○	○	○	○	○
5	肝臓の機能	○		○	○		○				
6	代謝	○			○	○		○		○	
7	体温調節			○	○		○	○			○
8	腎臓・尿		○	○		○		○	○		
9	ホルモン	○		○	○						○
10	免疫		○			○	○		○		
11	筋肉	○	○				○	○		○	
12	神経系		○	○		○	○		○		
13	感覚・感覚器		○				○		○		
14	視覚				○					○	○
15	聴覚	○		○		○		○			
16	ストレス・疲労	○									
17	睡眠		○			○	○		○	○	○

注：同じ項目で複数問出題されている場合がある。

I 関係法令

① 労働安全衛生法

1 衛生管理体制

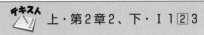
テキスト 上・第2章2、下・Ⅰ1②3

問1 事業場の衛生管理体制に関する次の記述のうち、法令上、誤っているものはどれか。

ただし、衛生管理者の選任の特例はないものとする。

(1) 常時300人以上の労働者を使用する各種商品小売業の事業場では、総括安全衛生管理者を選任しなければならない。

(2) 常時50人以上の労働者を使用する通信業の事業場では、第二種衛生管理者免許を受けた者のうちから衛生管理者を選任することができる。

(3) 常時50人以上の労働者を使用する運送業の事業場では、第二種衛生管理者免許を受けた者のうちから衛生管理者を選任することができる。

(4) 常時50人以上の労働者を使用するゴルフ場業の事業場では、第二種衛生管理者免許を有する者のうちから衛生管理者を選任することができる。

(5) 常時50人以上の労働者を使用する旅館業の事業場では、第二種衛生管理者免許を有する者のうちから衛生管理者を選任することができる。

【R5年10月／問1】

解説

(1) 正しい。安衛令第2条第2号。

(2) 正しい。安衛法第12条第1項、安衛則第7条第1項第3号ロ。

(3) 誤り。運送業では、衛生管理者の選任として第二種衛生管理者免許の者は選任できない。第一種衛生管理者若しくは衛生工学衛生管理者免許を有する者又は安衛則第10条各号に掲げる者のうちから選任しなければならない。安衛法第12条第1項、安衛則第7条第1項第3号イ。

(4) 正しい。安衛法第12条第1項、安衛則第7条第1項第3号ロ。

(5) 正しい。安衛法第12条第1項、安衛則第7条第1項第3号ロ。

解答 (3)

問2 事業場の衛生管理体制に関する次の記述のうち、法令上、誤っているものはどれか。

ただし、衛生管理者の選任の特例はないものとする。

(1) 常時200人以上の労働者を使用する各種商品小売業の事業場では、総括安全衛生管理者を選任しなければならない。

(2) 常時1,000人を超え2,000人以下の労働者を使用する事業場では、4人以上の衛生管理者を選任しなければならない。

(3) 常時50人以上の労働者を使用する燃料小売業の事業場では、第二種衛生管理者免許を受けた者のうちから衛生管理者を選任することができる。

(4) 2人以上の衛生管理者を選任する場合、そのうち1人についてはその事業場に専属でない労働衛生コンサルタントのうちから選任することができる。

(5) 衛生管理者を選任したときは、遅滞なく、法定の様式による報告書を、所轄労働基準監督署長に提出しなければならない。

【R4年10月／問1】

解 説

(1) 誤り。安衛法第10条第1項、安衛令第2条第2号では、「常時300人以上の労働者を使用する各種商品小売業の事業場では、総括安全衛生管理者を選任しなければならない。」と規定されている。

(2) 正しい。安衛法第12条第1項、安衛則第7条第1項第4号。

(3) 正しい。安衛法第12条第1項、安衛則第7条第1項第3号ロ。

(4) 正しい。衛生管理者を2人以上選任する場合、その中に労働衛生コンサルタントがいるときは、労働衛生コンサルタントのうち1人は専属でなくともよい。安衛法第12条第1項、安衛則第7条第1項第2号ただし書、同則第10条第3号。

(5) 正しい。安衛法第12条第1項、安衛則第7条第2項（同則第2条第2項を準用）。

解答 (1)

問3　　事業場の衛生管理体制に関する次の記述のうち、法令上、誤っているものはどれか。

□□

ただし、衛生管理者及び産業医の選任の特例はないものとする。

(1) 常時200人以上の労働者を使用する各種商品小売業の事業場では、総括安全衛生管理者を選任しなければならない。

(2) 常時1,000人を超え2,000人以下の労働者を使用する事業場では、4人以上の衛生管理者を選任しなければならない。

(3) 常時50人以上の労働者を使用する通信業の事業場では、第二種衛生管理者免許を受けた者のうちから衛生管理者を選任することができる。

(4) 2人以上の衛生管理者を選任する場合、そのうち1人についてはその事業場に専属でない労働衛生コンサルタントのうちから選任することができる。

(5) 常時700人の労働者を使用し、そのうち深夜業を含む業務に常時500人以上の労働者を従事させる事業場では、その事業場に専属の産業医を選任しなければならない。

【R4年4月／問1】

解説

(1) 誤り。安衛法第10条第1項、安衛令第2条第2号では、「常時300人以上の労働者を使用する各種商品小売業の事業場では、総括安全衛生管理者を選任しなければならない。」と規定されている。

(2) 正しい。安衛法第12条第1項、安衛則第7条第1項第4号。

(3) 正しい。安衛法第12条第1項、安衛則第7条第1項第3号ロ。

(4) 正しい。衛生管理者を2人以上選任する場合、その中に労働衛生コンサルタントがいるときは、労働衛生コンサルタントのうち1人は専属でなくともよい。安衛法第12条第1項、安衛則第7条第1項第2号ただし書、同則第10条第3号。

(5) 正しい。安衛法第13条第1項、安衛則第13条第1項第3号ヌ。

解答　(1)

問4　事業場の衛生管理体制に関する次の記述のうち、法令上、定められていないものはどれか。

ただし、衛生管理者及び産業医の選任の特例はないものとする。

(1)　総括安全衛生管理者の選任は、総括安全衛生管理者を選任すべき事由が発生した日から14日以内に行わなければならない。

(2)　常時1,000人を超え2,000人以下の労働者を使用する事業場では、4人以上の衛生管理者を選任しなければならない。

(3)　常時50人以上の労働者を使用するゴルフ場業の事業場では、第二種衛生管理者免許を有する者のうちから衛生管理者を選任することができる。

(4)　常時1,000人以上の労働者を使用する事業場では、その事業場に専属の産業医を選任しなければならない。

(5)　常時500人を超え1,000人以下の労働者を使用し、そのうち、深夜業を含む業務に常時30人以上の労働者を従事させる事業場では、衛生管理者のうち少なくとも1人を専任の衛生管理者としなければならない。

【H31年4月／問1】

解説

(1)　定められている。安衛法第10条第1項、安衛則第2条第1項。

(2)　定められている。安衛法第12条第1項、安衛則第7条第1項第4号。

(3)　定められている。安衛法第12条第1項、安衛則第7条第1項第3号。なお、ゴルフ場業は同則第7条第1項第3号ロのその他の業種に該当する。

(4)　定められている。安衛法第13条第1項、安衛則第13条第1項第3号。

(5)　定められていない。少なくとも1人を専任の衛生管理者としなければならない事業場については、安衛則第7条第1項第5号に、次のとおり規定されている。

イ　常時1,000人を超える労働者を使用する事業場

ロ　常時500人を超える労働者を使用する事業場で、坑内労働又は労基則第18条各号に掲げる業務に常時30人以上の労働者を従事させるもの

深夜業を含む業務は労基則第18条各号に掲げられていないため、当該事業場では専任の衛生管理者とすることは義務付けられていない。

解答　(5)

問5　事業場の衛生管理体制に関する次の記述のうち、法令上、正しいものはどれか。

□□　ただし、衛生管理者及び産業医の選任の特例はないものとする。

(1)　衛生管理者を選任したときは、遅滞なく、所定の様式による報告書を、所轄労働基準監督署長に提出しなければならない。

(2)　常時2,000人を超え3,000人以下の労働者を使用する事業場では、4人の衛生管理者を選任しなければならない。

(3)　常時50人以上の労働者を使用する警備業の事業場では、第二種衛生管理者免許を有する者のうちから衛生管理者を選任することができない。

(4)　常時800人以上の労働者を使用する事業場では、その事業場に専属の産業医を選任しなければならない。

(5)　常時300人を超え500人未満の労働者を使用し、そのうち、深夜業を含む業務に常時100人の労働者を従事させる事業場では、衛生工学衛生管理者の免許を受けた者のうちから衛生管理者を選任しなければならない。

【R3年10月・R2年10月・4月／問1】

解説

(1)　正しい。安衛法第12条第1項、安衛則第7条第2項（同則第2条第2項を準用）。

(2)　誤り。「4人」ではなく「5人」。安衛則第7条第1項第4号。

(3)　誤り。選任することは可能。「警備業」は「その他の業種」に該当。安衛法第12条第1項、安衛則第7条第1項第3号ロ。

(4)　誤り。「常時800人以上」ではなく、「常時1,000人以上」の労働者を使用する事業場。安衛法第13条第1項、安衛則第13条第1項第3号。

(5)　誤り。衛生工学衛生管理者の免許を受けた者のうちから衛生管理者を選任しなければならない事業場は、「常時500人を超える労働者を使用する事業場で、坑内労働又は労基則第18条第1号、第3号から第5号まで若しくは第9号に掲げる業務に常時30人以上の労働者を従事させるもの」と規定されている。安衛法第12条第1項、安衛則第7条第1項第6号。

深夜業を含む業務は労基則第18条各号に掲げられていないため、当該事業場

21

では、衛生工学衛生管理者の免許を受けた者のうちから衛生管理者を選任することを義務付けられていない。

解答 (1)

問6　　常時使用する労働者数が100人で、次の業種に属する事業場のうち、法令
□□　上、総括安全衛生管理者の選任が義務付けられていないものの業種はどれ
　　　か。

(1)　林業

(2)　清掃業

(3)　燃料小売業

(4)　建設業

(5)　運送業

【R5年4月／問2】

解説

　総括安全衛生管理者の選任を要する事業場の業種・規模は、安衛令第2条に規定されている。第1号の業種は常時使用する労働者数が100人以上、第2号は300人以上、第3号は1,000人以上の場合に総括安全衛生管理者の選任が義務付けられている。

(1)　義務付けられている。安衛令第2条第1号。

(2)　義務付けられている。安衛令第2条第1号。

(3)　義務付けられていない。安衛令第2条第2号。

(4)　義務付けられている。安衛令第2条第1号。

(5)　義務付けられている。安衛令第2条第1号。

解答　(3)

問7 　常時使用する労働者数が300人で、次の業種に属する事業場のうち、法令
上、総括安全衛生管理者の選任が義務付けられていない業種はどれか。

(1) 通信業

(2) 各種商品小売業

(3) 旅館業

(4) ゴルフ場業

(5) 医療業

【R3年10月・R2年・H31年4月／問2】

解説

　総括安全衛生管理者の選任を要する事業場の業種・規模は、安衛令第2条に規
定されている。第1号の業種は常時使用する労働者数が100人以上、第2号は300
人以上、第3号は1,000人以上の場合に総括安全衛生管理者の選任が義務付けら
れている。

(1) 義務付けられている。安衛令第2条第2号。

(2) 義務付けられている。安衛令第2条第2号。

(3) 義務付けられている。安衛令第2条第2号。

(4) 義務付けられている。安衛令第2条第2号。

(5) 義務付けられていない。安衛令第2条第3号。

解答　(5)

問8　総括安全衛生管理者に関する次の記述のうち、法令上、誤っているものはどれか。

(1)　総括安全衛生管理者は、事業場においてその事業の実施を統括管理する者又はこれに準ずる者を充てなければならない。

(2)　都道府県労働局長は、労働災害を防止するため必要があると認めるときは、総括安全衛生管理者の業務の執行について事業者に勧告することができる。

(3)　総括安全衛生管理者は、選任すべき事由が発生した日から14日以内に選任しなければならない。

(4)　総括安全衛生管理者を選任したときは、遅滞なく、選任報告書を、所轄労働基準監督署長に提出しなければならない。

(5)　危険性又は有害性等の調査及びその結果に基づき講ずる措置に関することは、総括安全衛生管理者が統括管理する業務のうちの一つである。

【R4年10月／問2】

解説

(1)　誤り。安衛法第10条第2項で「総括安全衛生管理者は、当該事業場においてその事業の実施を統括管理する者をもつて充てなければならない。」と規定されている。間違いやすいものとして次の条文がある。「安衛法第17条第2項第1号　安全委員会の委員は次の者をもって構成する。『総括安全衛生管理者又は総括安全衛生管理者以外の者で当該事業場においてその事業の実施を統括管理するもの若しくはこれに準ずる者のうちから事業者が指名した者』」この、安衛法第17条（安全委員会）の条文は、安衛法第18条（衛生委員会）に準用されている。

(2)　正しい。安衛法第10条第3項。

(3)　正しい。安衛法第10条第1項、安衛則第2条第1項。

(4)　正しい。安衛法第10条第1項、安衛則第2条第2項。

(5)　正しい。安衛法第10条第1項、安衛則第3条の2第2号。

解答　(1)

問 9　　　総括安全衛生管理者又は産業医に関する次の記述のうち、法令上、誤っているものはどれか。

　　　　　ただし、産業医の選任の特例はないものとする。

(1)　総括安全衛生管理者は、事業場においてその事業の実施を統括管理する者をもって充てなければならない。

(2)　都道府県労働局長は、労働災害を防止するため必要があると認めるときは、総括安全衛生管理者の業務の執行について事業者に勧告することができる。

(3)　総括安全衛生管理者が旅行、疾病、事故その他やむを得ない事由によって職務を行うことができないときは、代理者を選任しなければならない。

(4)　産業医は、衛生委員会を開催した都度作成する議事概要を、毎月1回以上、事業者から提供されている場合には、作業場等の巡視の頻度を、毎月1回以上から2か月に1回以上にすることができる。

(5)　事業者は、産業医から労働者の健康管理等について勧告を受けたときは、当該勧告の内容及び当該勧告を踏まえて講じた措置の内容（措置を講じない場合にあっては、その旨及びその理由）を記録し、これを3年間保存しなければならない。

【R4年4月／問3】

解説

(1)　正しい。安衛法第10条第2項。

(2)　正しい。安衛法第10条第3項。

(3)　正しい。安衛法第10条第1項、安衛則第3条。

(4)　誤り。安衛法第13条第1項、安衛則第15条により、産業医は毎月1回以上事業場を巡視する必要があるが、①安衛則第11条第1項の規定により衛生管理者が行う少なくとも毎週1回の作業場等を巡視した結果、及び　②労働者の健康障害を防止し、又は労働者の健康を保持するために必要な情報であって、衛生委員会又は安全衛生委員会における調査審議を経て事業者が産業医に提供することとしたもの、の情報の提供を受けていて、事業者の同意を得ているときは、少なくとも2か月に1回でもよい。

(5)　正しい。安衛法第13条第5項、安衛則第14条の3第2項。

解答　(4)

解答にあたってのポイント

○総括安全衛生管理者

・総括安全衛生管理者を選任しなければならない事業場規模は業種によって異なる（**安衛令第2条**）。

　　第1号　林業、鉱業、建設業、運送業、清掃業　　　　　　　100人以上

　　第2号　製造業（物の加工業を含む。）電気業、

　　　　　　各種商品卸売業・小売業、旅館業　など　　　　　　300人以上

　　第3号　その他の業種（金融業（銀行など）、商社、医療業など）

　　　　　　　　　　　　　　　　　　　　　　　　　　　　1,000人以上

・総括安全衛生管理者は、当該事業場においてその事業の実施を統括管理するものをもって充てなければならない（**安衛法第10条第2項**）。

・安全管理者、衛生管理者等技術的な事項を管理する者の指揮をさせるとともに次の業務を統括管理させなければならない（**同法第10条第1項各号**）。

　　第1号　労働者の危険又は健康障害を防止するための措置に関すること。

　　第2号　労働者の安全又は衛生のための教育の実施に関すること。

　　第3号　健康診断の実施その他健康の保持増進のための措置に関すること。

　　第4号　労働災害の原因の調査及び再発防止対策に関すること。

　　第5号　安衛則第3条の2に定めるもの。

安衛則第3条の2

　　第1号　安全衛生に関する方針の表明に関すること。

　　第2号　危険性又は有害性等の調査及びその結果に基づき講ずる措置に関すること。

　　第3号　安全衛生に関する計画の作成、実施、評価及び改善に関すること。

・第2号の教育の実施に関することは、総括安全衛生管理者が自ら教育を行わなければならないわけではないので注意する。

・総括安全衛生管理者の選任は、選任すべき事由が発生した日から14日以内に行い（**安衛則第2条第1項**）、遅滞なく選任報告を、所轄労働基準監督署長に提出しなければならない（**同則第2条第2項**）。なお、総括安全衛生管理者が、旅行、疾病、事故その他やむを得ない事由によって職務を行うことができないときは、代理者を選任しなければならない（**同則第3条**）。

・都道府県労働局長は、労働災害を防止するため必要があると認めるときは、総括安全衛生管理者の業務の執行について事業者に勧告することができる（**安衛法第10条第3項**）。

○衛生推進者（**安衛法第12条の2、安衛則第12条の2**）
・10人以上50人未満の労働者を使用する規模の事業場は、衛生管理者ではなく衛生推進者又は安全衛生推進者を選任する。
・所轄労働基準監督署長に届出の義務はない。

「衛生管理者」については、「2　衛生管理者の選任」、「3　衛生管理者の業務」の「解答にあたってのポイント」参照。

2　衛生管理者の選任

✐イキスト　上・第2章2(2)、下・I 1 ②3

問10　衛生管理者又は衛生推進者の選任について、法令に違反しているものは□□　次のうちどれか。

ただし、衛生管理者の選任の特例はないものとする。

(1)　常時200人の労働者を使用する医療業の事業場において、衛生工学衛生管理者免許を受けた者のうちから衛生管理者を1人選任している。

(2)　常時200人の労働者を使用する旅館業の事業場において、第二種衛生管理者免許を有する者のうちから衛生管理者を1人選任している。

(3)　常時60人の労働者を使用する電気業の事業場において、第二種衛生管理者免許を有する者のうちから衛生管理者を1人選任している。

(4)　常時600人の労働者を使用する各種商品小売業の事業場において、3人の衛生管理者のうち2人を事業場に専属で第一種衛生管理者免許を有する者のうちから選任し、他の1人を事業場に専属でない労働衛生コンサルタントから選任している。

(5)　常時1,200人の労働者を使用する各種商品卸売業の事業場において、第二種衛生管理者免許を有する者のうちから、衛生管理者を4人選任し、そのうち1人を専任の衛生管理者としているが、他の3人には他の業務を兼務させている。

【R5年4月／問1】

解説

(1)　違反していない。安衛則第7条第1項第3号イ、第4号。

(2)　違反していない。安衛則第7条第1項第3号ロ、第4号。

(3)　違反している。電気業の事業場では第二種衛生管理者免許を有する者のうちから衛生管理者を選任することはできない。安衛則第7条第1項第3号イ、第4号。

(4)　違反していない。2人以上の衛生管理者を選任する場合、そのうちの1人について事業場に専属でない労働衛生コンサルタントから選任することができる。安衛則第7条第1項第3号ロ、第4号。同則第7条第1項第2号、第10条第3号。

(5)　違反していない。安衛則第7条第1項第3号ロ、第4号、第5号イ。

解答　(3)

| 問11 | 衛生管理者の選任について、法令上、定められているものは次のうちどれか。 |
| □□ | ただし、衛生管理者の選任の特例はないものとする。 |

(1) 衛生管理者を選任したときは、遅滞なく、所定の様式による報告書を、所轄労働基準監督署長に提出しなければならない。

(2) 常時使用する労働者数が60人の電気業の事業場では、第二種衛生管理者免許を有する者のうちから衛生管理者を選任することができる。

(3) 常時使用する労働者数が1,000人を超え2,000人以下の事業場では、少なくとも 3 人の衛生管理者を選任しなければならない。

(4) 常時使用する労働者数が3,000人を超える事業場では、6 人の衛生管理者のうち 2 人まで、事業場に専属でない労働衛生コンサルタントのうちから選任することができる。

(5) 常時使用する労働者数が2,000人以上の事業場では、専任の衛生管理者を 2 人以上選任しなければならない。

【R3年 4 月／問 1 】

解説

(1) 定められている。安衛法第12条第 1 項、安衛則第 7 条第 2 項（同則第 2 条第 2 項を準用）。

(2) 定められていない。電気業は安衛則第 7 条第 1 項第 3 号イに掲げる業種に属するため、第一種衛生管理者免許若しくは衛生工学衛生管理者免許を有する者又は安衛則第10条各号に掲げる者から選任しなければならない。

(3) 定められていない。「 3 人」ではなく「 4 人」。安衛則第 7 条第 1 項第 4 号。

(4) 定められていない。 2 人以上の衛生管理者を選任しなければならない事業場は、事業場に専属でない労働衛生コンサルタントは 1 人しか選任できない。安衛則第 7 条第 1 項第 2 号、同則第10条第 3 号。

(5) 定められていない。専任は 1 人以上であればよい。安衛則第 7 条第 1 項第 5 号イ。

解答 (1)

問12　衛生管理者の選任について、法令上、定められているものは次のうちどれか。

ただし、衛生管理者の選任の特例はないものとする。

(1)　衛生管理者は、選任すべき事由が発生してから30日以内に選任しなければならない。

(2)　常時使用する労働者数が60人の旅館業の事業場では、第二種衛生管理者免許を有する者のうちから衛生管理者を選任することができる。

(3)　常時使用する労働者数が1,000人を超え2,000人以下の事業場では、少なくとも3人の衛生管理者を選任しなければならない。

(4)　常時使用する労働者数が3,000人を超える事業場では、6人の衛生管理者のうち2人まで、事業場に専属でない労働衛生コンサルタントのうちから選任することができる。

(5)　常時使用する労働者数が2,000人以上の事業場では、専任の衛生管理者を2人以上選任しなければならない。

【R1年10月／問1】

解 説

(1)　定められていない。「30日」ではなく「14日」以内。安衛則第7条第1項第1号。

(2)　定められている。安衛則第7条第1項第3号ロ（その他の業務　旅館業）。

(3)　定められていない。「3人」ではなく「4人」。安衛則第7条第1項第4号。

(4)　定められていない。2人以上の衛生管理者を選任しなければならない事業場は、事業場に専属ではない労働衛生コンサルタントは1人しか選任できない。安衛則第7条第1項第2号。

(5)　定められていない。専任は1人以上であればよい。安衛則第7条第1項第5号イ。

解答　(2)

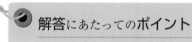

解答にあたってのポイント

○衛生管理者（**安衛法第12条第1項**）

・事業場の業務の区分に応じて、衛生管理者を選任し、その者に総括安全
　衛生管理者の職務のうち衛生に係る技術的な事項を管理させなければな
　らない。

○選任すべき事業場

・常時50人以上の労働者を使用する事業場は業種に関わらず衛生管理者を
　選任しなければならない（**安衛令第4条**）。

・常時10人以上50人未満の労働者を使用する事業場規模では衛生管理者で
　はなく、衛生推進者又は安全衛生推進者を選任する（**安衛則第12条の2**）。

・選任しなければならない人数は下表のとおりである（**安衛則第7条第1
　項第4号**）。

事業場の規模（常時使用する労働者）	衛生管理者数
50人以上200人以下	1人以上
200人を超え500人以下	2人以上
500人を超え1,000人以下	3人以上
1,000人を超え2,000人以下	4人以上
2,000人を超え3,000人以下	5人以上
3,000人を超える場合	6人以上

○衛生管理者の選任

・選任すべき事由が発生した日から14日以内に選任しなければならない
　（**安衛則第7条第1項第1号**）。

・衛生管理者選任後、遅滞なく、選任報告を所轄労働基準監督署長に届け
　出なければならない（**安衛則第7条第2項**（**同則第2条第2項**の準用）。

・衛生管理者は、第一種衛生管理者免許、第二種衛生管理者免許、衛生工
　学衛生管理者免許を有する者、医師、歯科医師、労働衛生コンサルタン

トから選任する（**安衛法第12条第１項、安衛則第10条**）。

・衛生管理者は、原則として事業場に専属の者を選任する。ただし、衛生管理者を２人以上選任する場合、その中に労働衛生コンサルタントがいるときは、労働衛生コンサルタントのうち１人は専属でなくてもよい（**安衛則第７条第１項第２号**）。

・次に掲げる業種の衛生管理者は、第二種衛生管理者免許を有する者は選任できない。第一種衛生管理者若しくは衛生工学衛生管理者免許を有する者又は**安衛則第10条各号**に掲げる者（医師、歯科医師、労働衛生コンサルタント等）のうちから選任しなければならない（**安衛則第７条第１項第３号イ**）。

　　建設業　製造業　運送業　医療業　清掃業等

・**安衛則第７条第１項第３号ロ**の業種（金融業、商社、小売業、卸売業、旅館業、通信業、ゴルフ場業等）については、第二種衛生管理者の資格を有する者も選任できる。

・衛生管理者は通常の業務の兼任でよいが、次に掲げる事業場にあたっては、衛生管理者のうち少なくとも１人は専任の衛生管理者とする（**安衛則第７条第１項第５号**）。

　　イ　常時1,000人を超える労働者を使用する事業場

　　ロ　常時500人を超える労働者を使用し、かつ**労基則第18条**※に掲げる業務に常時30人以上の労働者を従事させる事業場

　　※　暑熱、寒冷、放射線等の有害業務で深夜業は含まれない。

3 衛生管理者の業務

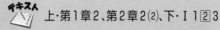 上・第1章2、第2章2(2)、下・Ⅰ1②3

問13　衛生管理者の職務又は業務として、法令上、定められていないものは次のうちどれか。

□□　ただし、次のそれぞれの業務は衛生に関する技術的事項に限るものとする。

(1)　健康診断の実施その他健康の保持増進のための措置に関すること。

(2)　労働災害の原因の調査及び再発防止対策に関すること。

(3)　安全衛生に関する方針の表明に関すること。

(4)　少なくとも毎週1回作業場等を巡視し、衛生状態に有害のおそれがあるときは、直ちに、労働者の健康障害を防止するため必要な措置を講ずること。

(5)　労働者の健康を確保するため必要があると認めるとき、事業者に対し、労働者の健康管理等について必要な勧告をすること。

【R3年4月／問2】

解説

(1)　定められている。安衛法第12条第1項、同法第10条第1項第3号。

(2)　定められている。安衛法第12条第1項、同法第10条第1項第4号。

(3)　定められている。安衛法第12条第1項、同法第10条第1項第5号、安衛則第3条の2第1号。

(4)　定められている。安衛法第12条第1項、同法第10条第1項第5号、安衛則第11条第1項。

(5)　定められていない。産業医の職務。安衛法第13条第5項。

解答　(5)

問14
□□ 事業者が衛生管理者に管理させるべき業務として、法令上、誤っているものは次のうちどれか。

ただし、次のそれぞれの業務のうち衛生に係る技術的事項に限るものとする。

(1) 安全衛生に関する方針の表明に関すること。

(2) 労働者の健康管理等について、事業者に対して行う必要な勧告に関すること。

(3) 安全衛生に関する計画の作成、実施、評価及び改善に関すること。

(4) 労働災害の原因の調査及び再発防止対策に関すること。

(5) 健康診断の実施その他健康の保持増進のための措置に関すること。

【R2年10月／問2】

※ R1年10月／問2は類似問題

解説

(1) 正しい。安衛法第12条第1項、同法第10条第1項第5号、安衛則第3条の2第1号。

(2) 誤り。産業医の職務である。安衛法第13条第5項。

(3) 正しい。安衛法第12条第1項、同法第10条第1項第5号、安衛則第3条の2第3号。

(4) 正しい。安衛法第12条第1項、同法第10条第1項第4号。

(5) 正しい。安衛法第12条第1項、同法第10条第1項第3号。

解答　(2)

事業者が衛生管理者に行わせるべき業務として、法令上、誤っているものは次のうちどれか。

(1) 安全衛生に関する方針の表明に関する業務のうち、衛生に係る技術的事項を管理すること。

(2) 健康診断の実施その他健康の保持増進のための措置に関する業務のうち、衛生に係る技術的事項を管理すること。

(3) 労働者の安全又は衛生のための教育の実施に関する業務のうち、衛生に係る技術的事項を管理すること。

(4) 労働災害の原因の調査及び再発防止対策に関する業務のうち、衛生に係る技術的事項を管理すること。

(5) 労働者の健康を確保するため必要があると認めるとき、事業者に対し、労働者の健康管理等について必要な勧告をすること。

【H30年4月／問1】

解説

(1) 正しい。安衛法第12条第1項、同法第10条第1項第5号、安衛則第3条の2第1号。

(2) 正しい。安衛法第12条第1項、同法第10条第1項第3号。

(3) 正しい。安衛法第12条第1項、同法第10条第1項第2号。

(4) 正しい。安衛法第12条第1項、同法第10条第1項第4号。

(5) 誤り。産業医の職務。安衛法第13条第5項。

解答 (5)

解答にあたってのポイント

○衛生管理者の業務

　衛生管理者は、以下の総括安全衛生管理者が統括管理する業務のうち、衛生に係る技術的事項を管理しなければならない。

安衛法第10条第1項

　第1号　労働者の危険又は健康障害を防止するための措置に関すること。

　第2号　労働者の安全又は衛生のための教育の実施に関すること。

　第3号　健康診断の実施その他健康の保持増進のための措置に関すること。

　第4号　労働災害の原因の調査及び再発防止対策に関すること。

　第5号　安衛則第3条の2に定めるもの。

安衛則第3条の2

　第1号　安全衛生に関する方針の表明に関すること。

　第2号　危険性又は有害性等の調査及びその結果に基づき講ずる措置に関すること。

　第3号　安全衛生に関する計画の作成、実施、評価及び改善に関すること。

○衛生管理者の定期巡視及び権限の付与（**安衛則第11条**）

・衛生管理者は、少なくとも毎週1回作業場等を巡視し、設備、作業方法又は衛生状態に有害のおそれがあるときは、直ちに、労働者の健康障害を防止するため必要な措置を講じなければならない（**第1項**）。また、事業者は、衛生管理者に対し、衛生に関する措置をなし得る権限を与えなければならない（**第2項**）。

問15 産業医に関する次の記述のうち、法令上、誤っているものはどれか。
ただし、産業医の選任の特例はないものとする。

(1) 産業医を選任しなければならない事業場は、常時50人以上の労働者を使用する事業場である。

(2) 常時使用する労働者数が2,000人を超える事業場では、産業医を2人以上選任しなければならない。

(3) 重量物の取扱い等重激な業務に常時500人以上の労働者を従事させる事業場では、その事業場に専属の産業医を選任しなければならない。

(4) 産業医が、事業者から、毎月1回以上、所定の情報の提供を受けている場合であって、事業者の同意を得ているときは、産業医の作業場等の巡視の頻度を、毎月1回以上から2か月に1回以上にすることができる。

(5) 産業医は、労働者に対する衛生教育に関することであって、医学に関する専門的知識を必要とする事項について、総括安全衛生管理者に対して勧告することができる。

【R5年10月／問2】

解説

(1) 正しい。安衛令第5条。

(2) 誤り。産業医を2人以上選任しなければならないのは、常時使用する労働者数が3,000人を超える事業場である。安衛則第13条第1項第4号。

(3) 正しい。安衛則第13条第1項第3号ト。

(4) 正しい。安衛法第13条第1項、安衛則第15条。

(5) 正しい。安衛法第13条第1項、安衛則第14条第1項及び第3項。

解答 (2)

問16 産業医に関する次の記述のうち、法令上、誤っているものはどれか。
□□ ただし、産業医の選任の特例はないものとする。

(1) 常時使用する労働者数が50人以上の事業場において、厚生労働大臣の指定する者が行う産業医研修の修了者等の所定の要件を備えた医師であっても、当該事業場においてその事業の実施を統括管理する者は、産業医として選任することはできない。

(2) 産業医が、事業者から、毎月1回以上、所定の情報の提供を受けている場合であって、事業者の同意を得ているときは、産業医の作業場等の巡視の頻度を、毎月1回以上から2か月に1回以上にすることができる。

(3) 事業者は、産業医が辞任したとき又は産業医を解任したときは、遅滞なく、その旨及びその理由を衛生委員会又は安全衛生委員会に報告しなければならない。

(4) 事業者は、専属の産業医が旅行、疾病、事故その他やむを得ない事由によって職務を行うことができないときは、代理者を選任しなければならない。

(5) 事業者が産業医に付与すべき権限には、労働者の健康管理等を実施するために必要な情報を労働者から収集することが含まれる。

【R4年10月／問3】
※ R3年4月／問3は類似問題

解説

(1) 正しい。安衛法第13条第1項、安衛則第13条第1項第2号ハ。

(2) 正しい。安衛法第13条第1項、安衛則第15条。

(3) 正しい。安衛法第13条第1項、安衛則第13条第4項。

(4) 誤り。代理者を選任しなければならないのは、産業医ではなく、総括安全衛生管理者が対象。安衛法第10条第1項、安衛則第3条。

(5) 正しい。安衛法第13条第1項、安衛則第14条第1項、安衛則第14条の4第2項第2号。

解答 (4)

問17　　　産業医に関する次の記述のうち、法令上、誤っているものはどれか。
□□

(1)　産業医を選任した事業者は、産業医に対し、労働者の業務に関する情報であっ
て産業医が労働者の健康管理等を適切に行うために必要と認めるものを提供し
なければならない。

(2)　産業医を選任した事業者は、その事業場における産業医の業務の具体的な内
容、産業医に対する健康相談の申出の方法、産業医による労働者の心身の状態
に関する情報の取扱いの方法を、常時各作業場の見やすい場所に掲示し、又は
備え付ける等の方法により、労働者に周知させなければならない。

(3)　産業医は、衛生委員会に対して労働者の健康を確保する観点から必要な調査
審議を求めることができる。

(4)　産業医は、衛生委員会を開催した都度作成する議事概要を、毎月１回以上、
事業者から提供されている場合には、作業場等の巡視の頻度を、毎月１回以上
から２か月に１回以上にすることができる。

(5)　事業者は、産業医から労働者の健康管理等について勧告を受けたときは、当該
勧告の内容及び当該勧告を踏まえて講じた措置の内容（措置を講じない場合に
あっては、その旨及びその理由）を記録し、これを３年間保存しなければならない。

【R3年10月／問３】

解説

(1)　正しい。安衛法第13条第４項、安衛則第14条の２。

(2)　正しい。安衛法第101条第２項、安衛則第98条の２。

(3)　正しい。安衛則第23条第５項。

(4)　誤り。「衛生委員会を開催した都度作成する議事概要を、毎月１回以上、事業
者から提供されている場合」ではなく「衛生管理者が行う巡視の結果等の提供
を受け、事業者の同意を得ている場合」。安衛則第15条。

(5)　正しい。安衛法第13条第５項、安衛則第14条の３第２項。

解答　(4)

問18　産業医の職務として、法令に定められていない事項は次のうちどれか。ただし、次のそれぞれの事項のうち医学に関する専門的知識を必要とするものに限るものとする。

(1) 衛生教育に関すること。

(2) 作業環境の維持管理に関すること。

(3) 作業の管理に関すること。

(4) 労働者の健康障害の原因の調査及び再発防止のための措置に関すること。

(5) 安全衛生に関する方針の表明に関すること。

【H31年4月／問3】

解説

(1) 定められている。安衛則第14条第1項第8号。

(2) 定められている。安衛則第14条第1項第4号。

(3) 定められている。安衛則第14条第1項第5号。

(4) 定められている。安衛則第14条第1項第9号。

(5) 定められていない。方針の表明は、総括安全衛生管理者の職務である。安衛則第3条の2第1号。

解答　(5)

解答にあたっての**ポイント**

○産業医の選任

・事業場規模が常時50人以上ならば業種に関わらず（**安衛令第５条**）、選任すべき事由が発生した日から14日以内に選任しなければならない（**安衛則第13条第１項**）。

・産業医は、労働者の健康管理等を行うのに必要な医学に関する知識について厚生労働省令で定める要件を備えた者でなければならない（**安衛法第13条第２項**）。その選任報告は、所轄労働基準監督署長に提出しなければならない（**安衛則第13条第２項**（**同則第２条第２項**の準用））。

・産業医は、事業場の規模が常時1,000人以上又は異常気圧下や深夜業等の業務に常時500人以上の労働者を従事させる場合は、その事業場に専属の者を選任しなければならない（**安衛則第13条第１項第３号**）。

・常時3,000人を超える労働者を使用する事業場にあっては、２人以上の産業医を選任しなければならない（**安衛則第13条第１項第４号**）。

・事業者は、産業医が辞任したとき又は産業医を解任したときは、遅滞なくその旨及びその理由を衛生委員会等に報告しなければならない（**安衛則第13条第４項**）。

○産業医の職務

　労働者の健康管理のほか、**安衛則第14条第１項各号**に掲げられた事項を行わせなければならない（**安衛法第13条第１項**）。

　安衛則第14条第１項

　　以下各号の事項で医学に関する専門的知識を必要とするもの

　　第１号　健康診断の実施及びその結果に基づく労働者の健康を保持するための措置に関すること

　　第２号　長時間労働者の面接指導の実施及びその結果に基づく労働者の健康を保持するための措置に関すること

第3号　ストレスチェックの実施並びに面接指導の実施及びその結果
　　　　に基づく労働者の健康を保持するための措置に関すること

第4号　作業環境の維持管理に関すること

第5号　作業の管理に関すること

第6号　労働者の健康管理に関すること

第7号　健康教育、健康相談その他労働者の健康の保持増進を図るた
　　　　めの措置に関すること

第8号　衛生教育に関すること

第9号　労働者の健康障害の原因の調査及び再発防止のための措置に
　　　　関すること

・職務に、「安全衛生に関する方針の表明」（総括安全衛生管理者の職務）
や「衛生委員会の議長を務める」といった規定はないので注意する。ほ
かに、衛生委員会の委員に指名された産業医は、「衛生委員会に出席する」
などがある（**安衛法第18条第2項第3号**）。

○産業医に対する情報の提供

・産業医を選任した事業者は、産業医に対して以下の情報を提供しなけれ
ばならない（**安衛法第13条第4項、安衛則第14条の2**）。

ア　①健康診断、②長時間労働者に対する面接指導、③ストレスチェッ
　　クに基づく面接指導実施後の既に講じた措置又は講じようとする措置
　　（措置を講じない場合は、その旨・その理由）

イ　時間外・休日労働時間が1月当たり80時間を超えた労働者の氏名・
　　超過時間

ウ　労働者の労働時間に関する情報等（産業医が労働者の健康管理等を
　　適切に行うために必要な情報）

○産業医の勧告

・労働者の健康を確保するため必要があると認めるときは、事業者に対し、労働者の健康管理等について必要な勧告をすることができる(**安衛法第13条第5項**)。

・産業医が勧告をしようとするときは、あらかじめ、その内容について事業者の意見を求めるものとする(**安衛則第14条の3第1項**)。

・事業者は産業医から勧告を受けたときは、その内容、当該勧告を踏まえて講じた措置の内容(措置を講じない場合にはその理由)を記録し、3年間保存しなければならない(**安衛則第14条の3第2項**)。

・事業者は産業医から勧告を受けたときは、その内容等を衛生委員会等に報告しなければならない(**安衛法第13条第6項、安衛則第14条の3第4項**)。

○産業医の権限

・事業者は、産業医に対し、職務をなし得るための権限を与えなければならない(**安衛則第14条の4第1項**)。

・産業医の権限には、次のものが含まれる。

　ア　事業者又は総括安全衛生管理者に対して意見を述べること。

　イ　労働者の健康管理等を実施するために必要な情報を労働者から収集すること。

　ウ　労働者の健康を確保するため緊急の必要がある場合において、労働者に対して必要な措置をとるべきことを指示すること。

○産業医の定期巡視

・月に1回以上(産業医が事業者から毎月1回以上、衛生管理者の巡視結果、健康障害を防止し、又は健康を保持するために必要な情報の提供を

受けている場合であって、事業者の同意を得ているときは、少なくとも
2月に1回）作業場等を巡視し、作業方法又は衛生状態に有害のおそれ
があるときは直ちに労働者の健康障害を防止するため必要な措置を講じ
なければならない（**安衛則第15条**）。

5　衛生委員会

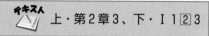 上・第２章３、下・Ⅰ１②３

問19　衛生委員会に関する次の記述のうち、法令上、誤っているものはどれか。
☐☐

(1)　衛生委員会の議長を除く委員の半数については、事業場に労働者の過半数で組織する労働組合がないときは、労働者の過半数を代表する者の推薦に基づき指名しなければならない。

(2)　衛生委員会の議長は、原則として、総括安全衛生管理者又は総括安全衛生管理者以外の者で事業場においてその事業の実施を統括管理するもの若しくはこれに準ずる者のうちから事業者が指名した委員がなるものとする。

(3)　事業場に専属ではないが、衛生管理者として選任している労働衛生コンサルタントを、衛生委員会の委員として指名することができる。

(4)　作業環境測定を外部の作業環境測定機関に委託して実施している場合、当該作業環境測定を実施している作業環境測定士を、衛生委員会の委員として指名することができる。

(5)　衛生委員会の付議事項には、長時間にわたる労働による労働者の健康障害の防止を図るための対策の樹立に関することが含まれる。

【R5年10月／問３】

解説

(1)　正しい。安衛法第18条第４項（同法第17条第４項を準用）。

(2)　正しい。安衛法第18条第２項第１号。

(3)　正しい。安衛法第18条第２項第２号。安衛則第７条第１項第２号。

(4)　誤り。作業環境測定士は、事業場の労働者である必要がある。安衛法第18条第３項。

(5)　正しい。安衛法第18条第１項、安衛則第22条第９号。

解答　(4)

問20　衛生委員会に関する次の記述のうち、法令上、正しいものはどれか。

(1) 衛生委員会の議長は、衛生管理者である委員のうちから、事業者が指名しなければならない。

(2) 産業医のうち衛生委員会の委員として指名することができるのは、当該事業場に専属の産業医に限られる。

(3) 衛生管理者として選任しているが事業場に専属でない労働衛生コンサルタントを、衛生委員会の委員として指名することはできない。

(4) 当該事業場の労働者で、作業環境測定を実施している作業環境測定士を衛生委員会の委員として指名することができる。

(5) 衛生委員会は、毎月1回以上開催するようにし、議事で重要なものに係る記録を作成して、これを5年間保存しなければならない。

【R5年4月／問3】

解説

(1) 誤り。衛生委員会の議長は、原則として、総括安全衛生管理者又は総括安全衛生管理者以外の者で事業場においてその事業の実施を統括管理するもの若しくはこれに準ずる者のうちから事業者が指名した委員がなる。安衛法第18条第2項第1号、同条第4項（同法第17条第3項を準用）。

(2) 誤り。産業医の指名について専属の産業医に限られるとの定めはない。安衛法第18条第2項第3号。

(3) 誤り。指名することは可能。安衛法第18条第2項第2号。安衛則第7条第1項第2号。

(4) 正しい。安衛法第18条第3項。

(5) 誤り。保存期間は「5年間」ではなく「3年間」。安衛則第23条第4項。

解答　(4)

問21　　　衛生委員会に関する次の記述のうち、法令上、正しいものはどれか。
□□

(1) 衛生委員会の議長は、衛生管理者である委員のうちから、事業者が指名しなければならない。

(2) 衛生委員会の議長を除く委員の半数は、事業場に労働者の過半数で組織する労働組合があるときにおいてはその労働組合、労働者の過半数で組織する労働組合がないときにおいては労働者の過半数を代表する者が指名しなければならない。

(3) 衛生管理者として選任しているが事業場に専属でない労働衛生コンサルタントを、衛生委員会の委員として指名することはできない。

(4) 衛生委員会の付議事項には、労働者の精神的健康の保持増進を図るための対策の樹立に関することが含まれる。

(5) 衛生委員会は、毎月1回以上開催するようにし、議事で重要なものに係る記録を作成して、これを5年間保存しなければならない。

【R4年4月／問2】

解説

(1) 誤り。衛生委員会の議長は、原則として、総括安全衛生管理者又は総括安全衛生管理者以外の者で事業場においてその事業の実施を統括管理するもの若しくはこれに準ずる者のうちから事業者が指名した委員がなる。安衛法第18条第2項第1号、同条第4項（同法第17条第3項を準用）。

(2) 誤り。議長を除く衛生委員会委員の半数については、当該事業場に労働者の過半数で組織する労働組合があるときにおいてはその労働組合、労働者の過半数で組織する労働組合がないときにおいては労働者の過半数を代表する者の推薦に基づき、事業者が指名しなければならない。安衛法第18条第4項（同法第17条第4項を準用）。

(3) 誤り。衛生管理者は衛生委員会の委員となることができるので、安衛則第7条第1項第2号により衛生管理者として選任しているが事業場に専属でない労働衛生コンサルタントを衛生委員会の委員として指名することはできる。安衛法第18条第2項第2号。

(4)　正しい。安衛法第18条第 1 項、安衛則第22条第10号。

(5)　誤り。安衛法第103条第 1 項、安衛則第23条第 4 項には、「衛生委員会の記録は 3 年間保存しなければならない。」と規定されている。

解答　(4)

問22　　衛生委員会に関する次の記述のうち、法令上、正しいものはどれか。
□□

(1)　衛生委員会の議長は、衛生管理者である委員のうちから、事業者が指名しなければならない。

(2)　衛生委員会の議長を除く全委員は、事業場に労働者の過半数で組織する労働組合がないときは、労働者の過半数を代表する者の推薦に基づき指名しなければならない。

(3)　衛生管理者として選任しているが事業場に専属ではない労働衛生コンサルタントを、衛生委員会の委員として指名することはできない。

(4)　当該事業場の労働者で、衛生に関し経験を有するものを衛生委員会の委員として指名することができる。

(5)　作業環境測定を作業環境測定機関に委託している場合、衛生委員会の委員として、当該機関に所属する作業環境測定士を指名しなければならない。

【R2年10月／問4】

解説

(1)　誤り。衛生委員会の議長は、原則として、総括安全衛生管理者又は総括安全衛生管理者以外の者で事業場においてその事業の実施を統括管理するもの若しくはこれに準ずる者のうちから事業者が指名した委員がなる。安衛法第18条第2項第1号、同条第4項（同法第17条第3項を準用）。

(2)　誤り。衛生委員会の議長を除く「全委員」ではなく「半数」。安衛法第18条第4項（同法第17条第4項を準用）。

(3)　誤り。指名することは可能。安衛法第18条第2項第2号。安衛則第7条第1項第2号。

(4)　正しい。安衛法第18条第2項第4号。

(5)　誤り。安衛法第18条第3項。

解答　(4)

問23 衛生委員会に関する次の記述のうち、法令上、正しいものはどれか。

(1) 衛生委員会の議長は、衛生管理者である委員のうちから、事業者が指名しなければならない。

(2) 衛生委員会の議長を除く全委員は、事業場に労働者の過半数で組織する労働組合がないときは、労働者の過半数を代表する者の推薦に基づき指名しなければならない。

(3) 衛生管理者として選任しているが事業場に専属ではない労働衛生コンサルタントを、衛生委員会の委員として指名することはできない。

(4) 当該事業場の労働者で、衛生に関し経験を有するものを衛生委員会の委員として指名することができる。

(5) 衛生委員会は、毎月1回以上開催するようにし、重要な議事に係る記録を作成して、これを5年間保存しなければならない。

【R2年4月／問4】

解説

(1) 誤り。衛生委員会の議長は、原則として、総括安全衛生管理者又は総括安全衛生管理者以外の者で事業場においてその事業の実施を統括管理するもの若しくはこれに準ずる者のうちから事業者が指名した委員がなる。安衛法第18条第2項第1号、同条第4項（同法第17条第3項を準用）。

(2) 誤り。衛生委員会の議長を除く「全委員」ではなく「半数」。安衛法第18条第4項（同法第17条第4項を準用）。

(3) 誤り。指名することは可能。安衛法第18条第2項第2号。安衛則第7条第1項第2号。

(4) 正しい。安衛法第18条第2項第4号。

(5) 誤り。保存期間は「5年間」ではなく「3年間」。安衛則第23条第4項。

解答 (4)

衛生委員会に関する次の記述のうち、法令上、定められているものはどれか。

(1) 衛生委員会の議長は、衛生管理者である委員のうちから、事業者が指名しなければならない。

(2) 衛生委員会の議長を除く全委員は、事業場の労働組合又は労働者の過半数を代表する者の推薦に基づき指名しなければならない。

(3) 衛生委員会の委員として、事業場に専属でない産業医を指名することはできない。

(4) 衛生委員会の付議事項には、労働者の精神的健康の保持増進を図るための対策の樹立に関することが含まれる。

(5) 衛生委員会は、毎月1回以上開催するようにし、重要な議事に係る記録を作成して、これを5年間保存しなければならない。

【R1年10月／問3】

解説

(1) 定められていない。衛生委員会の議長は、原則として、総括安全衛生管理者又は総括安全衛生管理者以外の者で事業場においてその事業の実施を統括管理するもの若しくはこれに準ずる者のうちから事業者が指名した委員がなる。安衛法第18条第2項第1号、同条第4項（同法第17条第3項を準用）。

(2) 定められていない。「全委員」ではなく「半数」。安衛法第18条第4項（同法第17条第4項を準用）。

(3) 定められていない。事業者が指名した産業医であれば、規模によっては専属でなくてもよい。安衛法第18条第2項第3号。

(4) 定められている。安衛則第22条第10号。

(5) 定められていない。保存年限は「5年間」ではなく「3年間」。安衛則第23条第4項。

解答 (4)

解答にあたっての**ポイント**

○衛生委員会は、工業的、非工業的の区別なく、業種を問わず、常時50人以上の労働者を使用する事業場において設置しなければならない（**安衛法第18条第１項、安衛令第９条**）。

○安全委員会、衛生委員会それぞれの設置に代えて、安全衛生委員会を設置することができる（**安衛法第19条第１項**）。

○衛生委員会の委員の構成は

・総括安全衛生管理者又は総括安全衛生管理者以外の者で当該事業場においてその事業の実施を統括管理するもの若しくはこれに準ずる者のうちから事業者が指名した者（**安衛法第18条第２項第１号**）

・衛生管理者（選任されている労働衛生コンサルタントも含む）のうちから事業者が指名した者（**安衛法第18条第２項第２号**）

・産業医のうちから事業者が指名した者（**同法第18条第２項第３号**）

・当該事業場の労働者で、衛生に関し経験を有する者のうちから事業者が指名した者（**同法第18条第２項第４号**）

・衛生委員会の議長を除く委員の半数は、労働組合又は労働者の過半数を代表する者の推薦に基づき指名された者（**同法第18条第４項（同法第17条第４項**の準用））

○衛生委員会の議長は、総括安全衛生管理者又は総括安全衛生管理者以外の者で当該事業場においてその事業の実施を統括管理するもの若しくはこれに準ずる者のうちから事業者が指名した者がなる（**安衛法第18条第２項第１号、第４項（同法第17条第３項**の準用））。

○当該事業場の労働者で、作業環境測定を実施している作業環境測定士であるものを衛生委員会の委員として指名することができる（**安衛法第18**

条第3項）。当該事業場の労働者でない、測定機関の作業環境測定士は委員に指名することはできない。

○衛生委員会は次のことを調査審議し、事業者に対し意見を述べなければならない（**安衛法第18条第1項第1号～第4号**）。

第1号　労働者の健康障害を防止するための基本となるべき対策

第2号　労働者の健康の保持増進を図るための基本となるべき対策

第3号　労働災害の原因及び再発防止対策で、衛生に係るもの

第4号　労働者の健康障害の防止及び健康の保持増進に関する重要事項

第4号の重要事項は**安衛則第22条第1号～第12号**で規定されている。

○衛生委員会は、毎月1回以上開催しなければならない（**安衛則第23条第1項**）。

○産業医が辞任又は解任したときは、事業者は、その旨と理由を報告しなければならない（**安衛則第13条第4項**）。

○委員会における議事で重要なものに係る記録を作成して、これを3年間保存しなければならない（**安衛則第23条第4項**）。

○産業医は衛生委員会に対して労働者の健康を確保する観点から必要な調査審議を求めることができる（**安衛則第23条第5項**）。

6　安全衛生教育

下・Ⅰ1②6

問25　雇入れ時の安全衛生教育に関する次の記述のうち、法令上、正しいもの
□□　はどれか。

(1)　常時使用する労働者が10人未満である事業場では、教育を省略することができる。

(2)　1か月以内の期間を定めて雇用する者については、危険又は有害な業務に従事する者を除き、教育を省略することができる。

(3)　飲食店の事業場においては、教育事項のうち、「作業手順に関すること」については省略することができる。

(4)　旅館業の事業場においては、教育事項のうち、「作業開始時の点検に関すること」については省略することができる。

(5)　教育を行ったときは、教育の受講者、教育内容等の記録を作成し、これを1年間保存しなければならない。

【R4年4月／問6】

※ R3年4月／問6は類似問題

解説

雇入れ時の安全衛生教育の教育事項の省略は、安衛則第35条で規定されている。安衛令第2条第3号の業種では、同則第35条第1項の第1号から第4号までの雇入れ時の安全衛生教育の教育事項を省略できる。

(1)　誤り。事業場の規模（常時使用する労働者数）による雇入れ時の安全衛生教育の省略についての規定はない。

(2)　誤り。雇用期間が短いことであることによる雇入れ時の安全衛生教育の省略についての規定はない。

(3)　正しい。安衛則第35条第1項の第1号から第4号までの教育事項（作業手順に関することは同項第3号に該当）は、安衛令第2条第3号の業種では省略できる。飲食店は同令第2条第3号の業種である。

(4)　誤り。安衛則第35条第1項の第1号から第4号までの教育事項（作業開始時

の点検に関することは、同項第4号に該当）は、安衛令第2条第3号の業種では省略できるが、旅館業は同令第2条第2号の業種であるため、省略できない。

(5)　誤り。雇入れ時の安全衛生教育を行ったときの、教育の受講者、教育内容等の記録作成、保存の規定はない。

なお、令和6年4月1日より、雇入れ時の安全衛生教育について、特定の業種について特定の教育事項を省略することができるという定めはなくなる。

解答　(3)

問26 雇入れ時の安全衛生教育における次のAからDの教育事項について、法令上、金融業の事業場において省略できるものの組合せは(1)～(5)のうちどれか。

 A 従事させる業務に関して発生するおそれのある疾病の原因及び予防に関すること。

 B 作業開始時の点検に関すること。

 C 整理、整頓及び清潔の保持に関すること。

 D 作業手順に関すること。

(1) A，B

(2) A，C

(3) B，C

(4) B，D

(5) C，D

【R3年10月／問6】

※ R2年・R1年10月／問6は類似問題

解説

　雇入れ時の安全衛生教育の教育事項の省略は、安衛則第35条で規定されている。

　安衛令第2条第3号の業種(金融業は同条第3号に該当)では、同則第35条第1項の第1号から第4号までの雇入れ時の安全衛生教育の教育事項を省略できる。

　A：安衛則第35条第1項第5号

　B：安衛則第35条第1項第4号

　C：安衛則第35条第1項第6号

　D：安衛則第35条第1項第3号

　よって、省略できるものはB、Dであり、解答は(4)である。

　なお、令和6年4月1日より、雇入れ時の安全衛生教育について、特定の業種について特定の教育事項を省略することができるという定めはなくなる。 解答 (4)

問27 雇入れ時の安全衛生教育に関する次の記述のうち、法令上、誤っているものはどれか。

(1) 1か月以内の期間を定めて雇用するパートタイム労働者についても、教育を行わなければならない。

(2) 教育事項の全部又は一部に関し十分な知識及び技能を有していると認められる労働者については、当該事項についての教育を省略することができる。

(3) 金融業の事業場においては、教育事項のうち、「整理、整頓及び清潔の保持に関すること」については省略することができない。

(4) 旅館業の事業場においては、教育事項のうち、「作業手順に関すること」については省略することができる。

(5) 警備業の事業場においては、教育事項のうち、「作業開始時の点検に関すること」については省略することができる。

【R2年4月／問6】

※ H31年4月／問6は類似問題

解説

雇入れ時の安全衛生教育の教育事項の省略は、安衛則第35条で規定されている。安衛令第2条第3号の業種では、同則第35条第1項の第1号から第4号までの雇入れ時の教育の教育事項を省略できる。

(1) 正しい。省略できない。雇用期間が短いこと及び「パートタイム」であることによる雇入れ時の安全衛生教育の省略についての規定はない。安衛法第59条第1項。

(2) 正しい。省略できる。安衛則第35条第2項。

(3) 正しい。省略できない。「金融業」は安衛令第2条第3号に該当。「整理、整頓及び清潔の保持に関すること」は安衛則第35条第1項第6号に該当。

(4) 誤り。省略できない。「旅館業」は安衛令第2条第2号に該当。「作業手順に関すること」は安衛則第35条第1項第3号に該当。

(5) 正しい。省略できる。「警備業」は安衛令第2条第3号に該当。「作業開始時の点検に関すること」は安衛則第35条第1項第4号に該当。

なお、令和6年4月1日より、雇入れ時の安全衛生教育について、特定の業種について特定の教育事項を省略することができるという定めはなくなる。 解答 (4)

解答にあたってのポイント

○雇入れ時又は作業内容を変更したときは、安全又は衛生のため必要な教育を行わなければならない。ただし、医療業、商社、金融業（銀行など）、警備業等**安衛令第2条第3号**に掲げる業種については、次の**第1号**から**第4号**までの事項について省略することができる（**安衛法第59条第1項、第2項、安衛則第35条第1項**）※。

（省略できない業種例：清掃業、各種商品小売業（百貨店など）、旅館業（ホテルなど）、ゴルフ場業　**安衛令第2条第1号、第2号**）

第1号　機械等、原材料等の危険性又は有害性及びこれらの取扱い方法に関すること

第2号　安全装置、有害物抑制装置又は保護具の性能及びこれらの取扱い方法に関すること

第3号　作業手順に関すること

第4号　作業開始時の点検に関すること（第1号～第4号は省略可）

第5号　疾病の原因及び予防に関すること

第6号　整理、整頓及び清潔の保持に関すること

第7号　事故時等における応急措置及び退避に関すること

第8号　前各号に掲げるもののほか、当該業務に関する安全又は衛生のために必要な事項

※令和6年4月1日より、雇入れ時等の安全衛生教育について、特定の業種について特定の教育事項を省略することができるという定めはなくなる。

○職業訓練を受けた労働者等、十分な知識及び技能を有していると認められる労働者については全部又は一部について当該事項の教育を省略することができる（**安衛則第35条第2項**）。なお、安全衛生教育の省略に関し、該当する労働者が少人数、短期間であることを理由に省略する規定はない。

○建設業、一部の製造業等の業種で、作業中の労働者を直接指導又は監督する職務に新たにつく者に対し、職長教育として、安全又は衛生のための教育を行わなければならない（**安衛法第60条、安衛令第19条**）。

7　健康診断

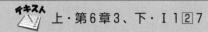

問28　　労働安全衛生規則に基づく医師による健康診断に関する次の記述のうち、誤っているものはどれか。

(1)　雇入時の健康診断において、医師による健康診断を受けた後 3 か月を経過しない者が、その健康診断結果を証明する書面を提出したときは、その健康診断の項目に相当する項目を省略することができる。

(2)　雇入時の健康診断の項目のうち、聴力の検査は、1,000Hz 及び4,000Hz の音について行わなければならない。

(3)　深夜業を含む業務に常時従事する労働者に対し、6 か月以内ごとに 1 回、定期に、健康診断を行わなければならないが、胸部エックス線検査については、1 年以内ごとに 1 回、定期に、行うことができる。

(4)　定期健康診断を受けた労働者に対し、健康診断を実施した日から 3 か月以内に、当該健康診断の結果を通知しなければならない。

(5)　定期健康診断の結果に基づき健康診断個人票を作成して、これを 5 年間保存しなければならない。

【R5年10月／問 4】

※ R5年 4 月／問 4 は類似問題

解　説

(1)　正しい。安衛則第43条ただし書。

(2)　正しい。安衛則第43条第 3 号。

(3)　正しい。安衛則第45条第 1 項後段。

(4)　誤り。安衛則第51条の 4 では、健康診断の結果の通知は、遅滞なく通知しなければならないと規定されている。

(5)　正しい。安衛則第51条。

解答　(4)

問29　労働安全衛生規則に基づく医師による健康診断について、法令に違反し
□□　ているものは次のうちどれか。

(1)　雇入時の健康診断において、医師による健康診断を受けた後3か月を経過し
　ない者が、その健康診断結果を証明する書面を提出したときは、その健康診断
　の項目に相当する項目を省略している。

(2)　雇入時の健康診断の項目のうち、聴力の検査は、35歳及び40歳の者並びに45歳
　以上の者に対しては、1,000Hz及び4,000Hzの音について行っているが、その他
　の年齢の者に対しては、医師が適当と認めるその他の方法により行っている。

(3)　深夜業を含む業務に常時従事する労働者に対し、6か月以内ごとに1回、定期に、健康
　診断を行っているが、胸部エックス線検査は、1年以内ごとに1回、定期に、行っている。

(4)　事業場において実施した定期健康診断の結果、健康診断項目に異常所見があ
　ると診断された労働者については、健康を保持するために必要な措置について、
　健康診断が行われた日から3か月以内に、医師から意見聴取を行っている。

(5)　常時50人の労働者を使用する事業場において、定期健康診断の結果について
　は、遅滞なく、所轄労働基準監督署長に報告を行っているが、雇入時の健康診
　断の結果については報告を行っていない。

【R3年10月／問4、R2年10月・4月／問3、R1年10月／問4（一部修正）】

解 説

(1)　違反していない。安衛則第43条ただし書。

(2)　違反。雇入時の健康診断においては、聴力の検査について医師が適当と認め
　る検査をもって代えることができる規定はない。安衛則第43条第3号。

(3)　違反していない。安衛則第45条第1項後段。

(4)　違反していない。安衛法第66条の4、安衛則第51条の2第1項第1号。

(5)　違反していない。雇入時の健康診断結果を報告する規定はない。安衛則第52条
　で定期健康診断結果の提出を求められているが、雇入時の健康診断結果の提出は
　求められていない。

解答　(2)

問30　労働安全衛生規則に規定されている医師による健康診断について、法令に違反しているものは次のうちどれか。

(1) 雇入時の健康診断において、医師による健康診断を受けた後、3か月を経過しない者がその健康診断結果を証明する書面を提出したときは、その健康診断の項目に相当する項目を省略している。

(2) 雇入時の健康診断の項目のうち、聴力の検査は、35歳及び40歳の者並びに45歳以上の者に対しては、1,000Hz及び4,000Hzの音について行っているが、その他の年齢の者に対しては、医師が適当と認めるその他の方法により行っている。

(3) 海外に6か月以上派遣して帰国した労働者について、国内の業務に就かせるとき、一時的な就業の場合を除いて、海外派遣労働者健康診断を行っている。

(4) 常時50人の労働者を使用する事業場において、雇入時の健康診断の結果について、所轄労働基準監督署長に報告を行っていない。

(5) 常時40人の労働者を使用する事業場において、定期健康診断の結果について、所轄労働基準監督署長に報告を行っていない。

【R3年4月／問4】

解説

(1) 違反していない。安衛則第43条ただし書。

(2) 違反。雇入時の健康診断においては、聴力の検査について医師が適当と認める検査をもって代えることができる規定はない。安衛則第43条第3号。

(3) 違反していない。安衛則第45条の2第1項。

(4) 違反していない。雇入時の健康診断結果を報告する規定はない。安衛則第52条で定期健康診断結果の提出を求められているが、雇入時の健康診断結果の提出は求められていない。

(5) 違反していない。報告を要するのは常時「50人以上」の労働者を使用する事業場である。安衛則第52条第1項。

解答　(2)

問31 労働安全衛生規則に基づく次の定期健康診断項目のうち、厚生労働大臣
□□ が定める基準に基づき、医師が必要でないと認めるときは、省略すること
ができる項目に該当しないものはどれか。

(1) 自覚症状の有無の検査

(2) 腹囲の検査

(3) 胸部エックス線検査

(4) 心電図検査

(5) 血中脂質検査

【R4年10月／問4】

解説

　安衛則第44条第1項に定期健康診断項目が規定されている。それは「1　既往歴及び業務歴の調査」「2　自覚症状及び他覚症状の有無の検査」「3　身長、体重、腹囲、視力及び聴力の検査」「4　胸部エックス線検査及び喀痰検査」「5　血圧の測定」「6　貧血検査」「7　肝機能検査」「8　血中脂質検査」「9血糖検査」「10　尿検査」「11　心電図検査」である。安衛則第44条第2項には、そのうち医師が必要でないと認めるときは、省略することができる項目が規定されている。それは、「第3号、第4号、第6号から第9号まで及び第11号」である。つまり「3　身長、体重、腹囲、視力及び聴力の検査」「4　胸部エックス線検査及び喀痰検査」「6　貧血検査」「7　肝機能検査」「8　血中脂質検査」「9　血糖検査」「11　心電図検査」である。

　従って、(1)は省略できない。

　よって、解答は(1)である。

解答　(1)

問32　　労働安全衛生規則に基づく医師による雇入時の健康診断に関する次の記
□□　述のうち、誤っているものはどれか。

(1)　医師による健康診断を受けた後3か月を経過しない者を雇い入れる場合、その健康診断の結果を証明する書面の提出があったときは、その健康診断の項目に相当する雇入時の健康診断の項目は省略することができる。

(2)　雇入時の健康診断では、40歳未満の者について医師が必要でないと認めるときは、貧血検査、肝機能検査等一定の検査項目を省略することができる。

(3)　事業場において実施した雇入時の健康診断の項目に異常の所見があると診断された労働者については、その結果に基づき、健康を保持するために必要な措置について、健康診断が行われた日から3か月以内に、医師の意見を聴かなければならない。

(4)　雇入時の健康診断の結果に基づき、健康診断個人票を作成して、これを5年間保存しなければならない。

(5)　常時50人以上の労働者を使用する事業場であっても、雇入時の健康診断の結果については、所轄労働基準監督署長に報告する必要はない。

【R4年4月／問4】

解説

(1)　正しい。安衛則第43条ただし書。

(2)　誤り。雇入時の健診項目で省略できるものの規定はない。

(3)　正しい。安衛法第66条の4、安衛則第51条の2第1項第1号。

(4)　正しい。安衛則第51条。

(5)　正しい。雇入時の健康診断結果を報告する規定はない。安衛則第52条で定期健康診断結果の提出を求められているが、雇入時の健康診断結果の提出は求められていない。

解答　(2)

　労働安全衛生規則に基づく医師による雇入時の健康診断に関する次の記
□□　述のうち、誤っているものはどれか。

(1)　医師による健康診断を受けた後、3か月を経過しない者を雇い入れる場合、
　　その健康診断の結果を証明する書面の提出があったときは、その健康診断の項
　　目に相当する雇入時の健康診断の項目を省略することができる。

(2)　雇入時の健康診断における聴力の検査は、1,000ヘルツ及び3,000ヘルツの音
　　に係る聴力について行わなければならない。

(3)　雇入時の健康診断の項目には、血糖検査が含まれているが、血液中の尿酸濃
　　度の検査は含まれていない。

(4)　雇入時の健康診断の結果に基づき、健康診断個人票を作成して、これを5年
　　間保存しなければならない。

(5)　雇入時の健康診断の結果については、事業場の規模にかかわらず、所轄労働
　　基準監督署長に報告する必要はない。

【H31年4月／問4】

解説

(1)　正しい。安衛則第43条ただし書。

(2)　誤り。1,000ヘルツ及び「4,000ヘルツ」の音に係る聴力について行わなけれ
　　ばならない。安衛則第43条第3号。

(3)　正しい。安衛則第43条第9号。なお、血液中の尿酸濃度の検査は、雇入時の
　　健康診断でも定期健康診断でも検査項目とはなっていない。

(4)　正しい。安衛則第51条。

(5)　正しい。雇入時の健康診断結果を報告する規定はない。安衛則第52条で定期
　　健康診断結果の提出を求められているが、雇入時の健康診断結果の提出は求め
　　られていない。

解答　(2)

◎ 解答にあたってのポイント

○雇入時健康診断（**安衛則第43条**）

事業者は、常時使用する労働者を雇い入れるときは、次の項目について医師による健康診断を行わなければならない。ただし、医師による健康診断を受けた後、3か月を経過しない者を雇い入れる場合において、その結果を証明する書面を提出したときは、当該健康診断の項目に相当する項目については省略できる。

1 既往歴及び業務歴の調査
2 自覚症状及び他覚症状の有無の検査
3 身長、体重、腹囲、視力及び聴力の検査
4 胸部エックス線検査
5 血圧の測定
6 貧血検査（血色素量及び赤血球数）
7 肝機能検査（GOT　GPT　γ-GTP）
8 血中脂質検査（LDL-C　HDL-C　血清トリグリセライド）
9 血糖検査
10 尿検査（糖、蛋白）
11 心電図検査

誤答例…腹部画像検査は雇入時健康診断項目である（誤り）。

・雇入時健康診断は、健康管理の最も基礎となるデータであることから、定期健診とは異なり、上記のとき以外の健診項目の省略は認められていない。

・雇入時健康診断の結果は、健康診断結果報告書を所轄労働基準監督署長に提出する必要はない。

○定期健康診断（**安衛則第44条第 1 項**）

・事業者は、常時使用する労働者に対し、1 年以内ごとに 1 回、定期に、次の項目について医師による健康診断を行わなければならない。

1　既往歴及び業務歴の調査

2　自覚症状及び他覚症状の有無の検査

3　<u>身長、体重、腹囲、視力及び聴力の検査</u>

4　<u>胸部エックス線検査及び喀痰検査</u>

5　血圧の測定

6　<u>貧血検査（血色素量及び赤血球数）</u>

7　<u>肝機能検査（GOT　GPT　γ-GTP）</u>

8　<u>血中脂質検査（LDL-C　HDL-C　血清トリグリセライド）</u>

9　<u>血糖検査</u>

10　尿検査（糖、蛋白）

11　<u>心電図検査</u>

誤答例…既往歴、業務歴の有無の調査、自覚症状及び他覚症状の有無の検査は、医師の判断により省略できる（×（誤り））。

・<u>下線</u>の項目については、次頁の厚生労働大臣が定める基準に基づき、医師が必要でないと認めるときは省略することができる（**安衛則第44条第 2 項**）。

・聴力の検査については、45歳未満の者（35歳及び40歳の者を除く。）については、医師が適当と認める方法に代えることができる（**安衛則第44条第 4 項**）。

・常時50人以上の労働者を使用する事業者は、定期健康診断を行った時は、遅滞なく、定期健康診断結果報告書を所轄労働基準監督署長に提出しなければならない（**安衛則第52条第 1 項**）。

・**厚生労働大臣が定める基準**（平成10年6月24日労働省告示第88号、平成22年1月25日改正厚生労働省告示第25号）

項目	省略することができる者
身長の検査	20歳以上の者
腹囲の検査	①　35歳を除く40歳未満の者 ②　妊娠中の女性その他の者であって、その腹囲が内臓脂肪の蓄積を反映していないと診断されたもの ③　BMI（体重<kg>／身長<m>の2乗）が20未満である者 ④　自ら腹囲を測定し、その値を申告したもの（BMIが22未満である者に限る）
胸部エックス線検査	40歳未満の者（20歳25歳30歳及び35歳の者を除く。）で、次のア、イのいずれにも該当しないもの ア　感染症法で結核に係る定期の健康診断の対象とされている施設等で働いている者 イ　じん肺法で3年に1回のじん肺健康診断の対象とされている者
喀痰（かくたん）検査	①　胸部エックス線検査によって病変の発見されない者 ②　胸部エックス線検査によって結核発病のおそれがないと診断された者 ③　胸部エックス線検査の省略できる者に該当する者
貧血検査 肝機能検査 血中脂質検査 血糖検査 心電図検査	35歳を除く40歳未満の者

○特定業務従事者の健康診断

・事業者は、異常気圧下や深夜業といった**安衛則第13条第1項第3号**に掲げる業務に常時従事する労働者に対し、当該業務への配置替えの際及び6か月以内に1回、定期に、定期健康診断と同じ項目について医師による健康診断を行わなければならない。この場合において、胸部エックス線検査は1年以内に1回、定期に、行えば足りるものとする（**同則第45条第1項**）。

・特定業務従事者の健康診断の項目（定期健康診断と同じ）では、一定の項目のうち、前回の健康診断において受けた項目については、医師が必要でないと認めたときは、省略することができる（**安衛則第45条第2項**）。また、一定の項目について、厚生労働大臣が定める基準に基づき、医師が必要でないと認めるときは、省略することができる（**安衛則第45条第3項**）。

・特定業務従事者の健康診断を受診する労働者数が50人に満たなくても、常時使用する労働者が50人以上の事業場では、特定業務従事者の健康診断を行ったときは、遅滞なく、定期健康診断結果報告書を所轄労働基準監督署長に届出しなければならない（**安衛則第52条第1項**）。

○海外派遣労働者の健康診断

・定期健康診断（**安衛則第44条第1項**）の項目と、厚生労働大臣が定める項目のうち医師が必要であると認める項目を、労働者を本邦外の地域に6か月以上派遣するとき（**同則第45条の2第1項**）、並びに本邦外の地域に6か月以上派遣した労働者を本邦の地域内における業務に就かせるとき（**同則第45条の2第2項**）に実施しなければならない。

・ただし、雇入時（**安衛則第43条**）、定期（**同則第44条**）、特定業務従事者（**同則第45条**）健康診断又は有害な業務に係る健康診断（**安衛法第66条第2項**）を受けたものについては、健康診断実施日から6か月間に限り、その者が受けた当該健康診断の項目に相当する項目を省略して行うことができる（**同則第45条の2第3項**）。

○健康診断結果の記録の作成（**安衛則第51条**）

健康診断個人票を作成して、5年間保存しなければならない。

○健康診断の結果の通知（**安衛則第51条の4**）

健康診断を受けた労働者に対し、遅滞なく、当該健康診断の結果を通知しなければならない。

○医師等からの意見聴取（**安衛法第66条の4**）

事業者は、健康診断の結果に基づき、当該労働者の健康を保持するために必要な措置について、医師又は歯科医師の意見を聞かなければならない。

○健康診断の結果についての医師等からの意見聴取（**安衛則第51条の2第1項**）

第1号　医師による意見聴取は、健康診断が行われた日から3か月以内に行うこと。

第2号　聴取した医師又は歯科医師の意見を健康診断個人票に記載すること。

○健康診断実施後の措置（**安衛法第66条の5第1項**）

事業者は、医師又は歯科医師の意見を勘案し、その必要があると認めるときは、当該労働者の事情を考慮して、就業場所の変更、作業の転換、労働時間の短縮、深夜業の回数の減少等の措置を講ずる。

○保健指導等（**安衛法第66条の7第1項**）

健康診断の結果、特に健康の保持に努める必要があると認める労働者に対し、医師又は保健師による保健指導を行うように努めなければならない。

○給食従業員の検便（**安衛則第47条**）

事業に附属する食堂又は炊事場における給食の業務に従事する労働者に対し、その雇入れの際又は当該業務への配置替えの際、検便による健康診断を行わなければならない。

問34　労働時間の状況等が一定の要件に該当する労働者に対して、法令により
□□　実施することが義務付けられている医師による面接指導に関する次の記述
のうち、正しいものはどれか。

ただし、新たな技術、商品又は役務の研究開発に係る業務に従事する者
及び高度プロフェッショナル制度の対象者はいないものとする。

(1)　面接指導の対象となる労働者の要件は、原則として、休憩時間を除き1週間
当たり40時間を超えて労働させた場合におけるその超えた時間が1か月当たり
80時間を超え、かつ、疲労の蓄積が認められる者であることとする。

(2)　事業者は、面接指導を実施するため、タイムカードによる記録等の客観的な
方法その他の適切な方法により、監督又は管理の地位にある者を除き、労働者
の労働時間の状況を把握しなければならない。

(3)　面接指導を行う医師として事業者が指定することのできる医師は、当該事業
場の産業医に限られる。

(4)　事業者は、面接指導の対象となる労働者の要件に該当する労働者から面接指
導を受ける旨の申出があったときは、申出の日から3か月以内に、面接指
導を行わなければならない。

(5)　事業者は、面接指導の結果に基づき、当該面接指導の結果の記録を作成して、
これを3年間保存しなければならない。

【R5年4月／問5】

解説

(1)　正しい。安衛則第52条の2第1項。

(2)　誤り。面接指導の対象となる労働者について、監督又は管理の地位にある者
を除くとの規定はない。安衛法第66条の8の3。

(3)　誤り。当該事業場の産業医でなければならないとの規定はない。安衛法第66
条の8第1項。

(4)　誤り。「申出の日から3か月以内」ではなく「遅滞なく」行わなければならな

い。安衛則第52条の3。

(5) 誤り。「3年間」ではなく「5年間」保存しなければならない。安衛則第52条
の6第1項。

解答 (1)

問35 労働時間の状況等が一定の要件に該当する労働者に対して、法令により
□□ 実施することが義務付けられている医師による面接指導に関する次の記述
のうち、正しいものはどれか。

ただし、新たな技術、商品又は役務の研究開発に係る業務に従事する者
及び高度プロフェッショナル制度の対象者はいないものとする。

(1) 面接指導の対象となる労働者の要件は、原則として、休憩時間を除き1週間
当たり40時間を超えて労働させた場合におけるその超えた時間が1か月当たり
100時間を超え、かつ、疲労の蓄積が認められる者であることとする。

(2) 事業者は、面接指導を実施するため、タイムカードによる記録等の客観的な
方法その他の適切な方法により、労働者の労働時間の状況を把握しなければな
らない。

(3) 面接指導の結果は、健康診断個人票に記載しなければならない。

(4) 事業者は、面接指導の結果に基づき、労働者の健康を保持するために必要な
措置について、原則として、面接指導が行われた日から3か月以内に、医師の
意見を聴かなければならない。

(5) 事業者は、面接指導の結果に基づき、当該面接指導の結果の記録を作成して、
これを3年間保存しなければならない。

【R4年10月／問5】

解説

(1) 誤り。面接指導の対象となる労働者の要件は、原則として、休憩時間を除き
1週間当たり40時間を超えて労働させた場合におけるその超えた時間が1か月
当たり80時間を超え、かつ、疲労の蓄積が認められる者であることとする。安
衛法第66条の8第1項、安衛則第52条の2第1項。

(2) 正しい。安衛法第66条の8の3、安衛則第52条の7の3第1項。

(3) 誤り。事業者は、安衛法第66条の8の面接指導の結果に基づき、当該面接指
導の結果の記録を作成して、これを5年間保存しなければならない。設問の「健
康診断個人票」とは安衛則第51条により規定された、定期健康診断（安衛則第
44条）等の結果に基づき作成される安衛則様式第5号の書類であり、安衛則第
52条の6に基づく書類ではない。

(4) 誤り。面接指導の結果に基づき、労働者の健康を保持するために必要な措置について、遅滞なく、医師の意見を聴かなければならない。安衛法第66条の8第4項、安衛則第52条の7。

(5) 誤り。事業者は、面接指導の結果に基づき、当該面接指導の結果の記録を作成して、これを5年間保存しなければならない。安衛則第52条の6。

解答　(2)

問36

□□ 労働時間の状況等が一定の要件に該当する労働者に対して、法令により実施することとされている医師による面接指導の結果に基づく記録に記載しなければならない事項として定められていないものは、次のうちどれか。

(1) 面接指導を行った医師の氏名

(2) 面接指導を受けた労働者の氏名

(3) 面接指導を受けた労働者の家族の状況

(4) 面接指導を受けた労働者の疲労の蓄積の状況

(5) 面接指導の結果に基づき、労働者の健康を保持するために必要な措置について医師から聴取した意見

【H31年4月／問5】

解説

(1) 定められている。安衛則第52条の6第2項、第52条の5第3号。

(2) 定められている。安衛則第52条の6第2項、第52条の5第2号。

(3) 定められていない。安衛則第52条の6第2項に規定されていない。

(4) 定められている。安衛則第52条の6第2項、第52条の5第4号。

(5) 定められている。安衛則第52条の6第2項。

解答 (3)

問37 労働安全衛生法に基づく労働者の心理的な負担の程度を把握するための
□□ 検査（以下「ストレスチェック」という。）及びその結果等に応じて実施される医師による面接指導に関する次の記述のうち、法令上、正しいものはどれか。

(1) ストレスチェックを受ける労働者について解雇、昇進又は異動に関して直接の権限を持つ監督的地位にある者は、ストレスチェックの実施の事務に従事してはならない。

(2) 事業者は、ストレスチェックの結果が、衛生管理者及びストレスチェックを受けた労働者に通知されるようにしなければならない。

(3) 面接指導を行う医師として事業者が指名できる医師は、当該事業場の産業医に限られる。

(4) 面接指導の結果は、健康診断個人票に記載しなければならない。

(5) 事業者は、面接指導の結果に基づき、当該労働者の健康を保持するため必要な措置について、面接指導が行われた日から3か月以内に、医師の意見を聴かなければならない。

【R5年10月／問7】

解説

(1) 正しい。安衛則第52条の10第2項。

(2) 誤り。ストレスチェックの結果は本人に直接通知する必要がある。また、事業者（衛生管理者を含む）に提供するには本人の同意が必要である。安衛法第66条の10第2項、安衛則第52条の12。

(3) 誤り。当該事業場の産業医に限るとの規定はない。安衛法第66条の10第3項。

(4) 誤り。面接指導の結果を「健康診断個人票に記載」ではなく、「面接指導結果の記録を作成」しなければならない。安衛則第52条の18第1項。

(5) 誤り。「面接指導が行われた日から3か月以内」ではなく「遅滞なく」行わなければならない。安衛法第66条の10第5項、安衛則第52条の19。

解答 (1)

問38 労働安全衛生法に基づく労働者の心理的な負担の程度を把握するための
□□ 検査（以下「ストレスチェック」という。）及びその結果等に応じて実施される医師による面接指導に関する次の記述のうち、法令上、正しいものはどれか。

(1) 常時50人以上の労働者を使用する事業場においては、6か月以内ごとに1回、定期に、ストレスチェックを行わなければならない。

(2) 事業者は、ストレスチェックの結果が、衛生管理者及びストレスチェックを受けた労働者に通知されるようにしなければならない。

(3) 労働者に対して行うストレスチェックの事項は、「職場における当該労働者の心理的な負担の原因」、「当該労働者の心理的な負担による心身の自覚症状」及び「職場における他の労働者による当該労働者への支援」に関する項目である。

(4) 事業者は、ストレスチェックの結果、心理的な負担の程度が高い労働者全員に対し、医師による面接指導を行わなければならない。

(5) 事業者は、医師による面接指導の結果に基づき、当該面接指導の結果の記録を作成して、これを3年間保存しなければならない。

【R4年4月／問7】

※ R3年10月／問5は類似問題

解説

(1) 誤り。「6か月以内」ではなく「1年以内」。安衛法第66条の10第1項、安衛則第52条の9。

(2) 誤り。ストレスチェックの結果は本人に直接通知する必要がある。また、事業者（衛生管理者を含む）に提供するには本人の同意が必要である。安衛法第66条の10第2項、安衛則第52条の12。

(3) 正しい。安衛則第52条の9。

(4) 誤り。全員にではなく、心理的な負担の程度が高い者であって一定の要件に該当する労働者からの申出があった場合に行う。安衛法第66条の10第3項。

(5) 誤り。「3年」ではなく「5年」。安衛則第52条の18第1項。

解答 (3)

問39　労働安全衛生法に基づく心理的な負担の程度を把握するための検査(以下「ストレスチェック」という。)の結果に基づき実施する医師による面接指導に関する次の記述のうち、正しいものはどれか。

(1)　面接指導を行う医師として事業者が指名できる医師は、当該事業場の産業医に限られる。

(2)　面接指導の結果は、健康診断個人票に記載しなければならない。

(3)　事業者は、ストレスチェックの結果、心理的な負担の程度が高い労働者であって、面接指導を受ける必要があると当該ストレスチェックを行った医師等が認めたものが面接指導を受けることを希望する旨を申し出たときは、当該申出をした労働者に対し、面接指導を行わなければならない。

(4)　事業者は、面接指導の対象となる要件に該当する労働者から申出があったときは、申出の日から3か月以内に、面接指導を行わなければならない。

(5)　事業者は、面接指導の結果に基づき、当該労働者の健康を保持するため必要な措置について、面接指導が行われた日から3か月以内に、医師の意見を聴かなければならない。

【R3年4月／問5】

解説

(1)　誤り。当該事業場の産業医でなければならないとの規定はない。安衛法第66条の10第3項。

(2)　誤り。面接指導の結果を「健康診断個人票に記載」ではなく、「面接指導結果の記録を作成」しなければならない。安衛則第52条の18第1項。

(3)　正しい。安衛法第66条の10第3項、安衛則第52条の15。

(4)　誤り。「申出の日から3か月以内」ではなく「遅滞なく」。安衛法第66条の10第3項、安衛則第52条の16第1項。

(5)　誤り。「面接指導が行われた日から3か月以内」ではなく「遅滞なく」。安衛法第66条の10第5項、安衛則第52条の19。

解答　(3)

　　労働安全衛生法に基づく心理的な負担の程度を把握するための検査（以下「ストレスチェック」という。）の結果に基づき実施する面接指導に関する次の記述のうち、正しいものはどれか。

(1)　面接指導を行う医師として、当該事業場の産業医を指名しなければならない。

(2)　面接指導の結果は、健康診断個人票に記載しなければならない。

(3)　労働者に対するストレスチェックの事項は、「職場における当該労働者の心理的な負担の原因」、「当該労働者の心理的な負担による心身の自覚症状」及び「職場における他の労働者による当該労働者への支援」に関する項目である。

(4)　面接指導の対象となる要件に該当する労働者から申出があったときは、申出の日から3か月以内に、面接指導を行わなければならない。

(5)　ストレスチェックと面接指導の実施状況について、面接指導を受けた労働者数が50人以上の場合に限り、労働基準監督署長へ報告しなければならない。

【R2年10月／問5】

解　説

(1)　誤り。当該事業場の産業医でなければならないとの規定はない。安衛法第66条の8第1項。

(2)　誤り。面接指導の結果を「健康診断個人票に記載」ではなく、「面接指導結果の記録を作成」しなければならない。安衛則第52条の18第1項。

(3)　正しい。安衛則第52条の9。

(4)　誤り。「申出の日から3か月以内」ではなく「遅滞なく」。安衛法第66条の10第3項、安衛則第52条の16第1項。

(5)　誤り。「面接指導を受けた労働者数」ではなく、「常時使用する労働者数」が50人以上である場合。安衛則第52条の21。

解答　(3)

問41　労働安全衛生法に基づく心理的な負担の程度を把握するための検査について、医師及び保健師以外の検査の実施者として、次のAからDの者のうち正しいものの組合せは(1)～(5)のうちどれか。

　　　ただし、実施者は、法定の研修を修了した者とする。

　　A　公認心理師

　　B　歯科医師

　　C　衛生管理者

　　D　産業カウンセラー

(1)　A，B

(2)　A，D

(3)　B，C

(4)　B，D

(5)　C，D

【R5年4月／問7】

※ R4年10月／問6は類似問題

解説

　当該検査の実施者は、医師、保健師、法定の研修を修了した歯科医師、看護師、精神保健福祉士、公認心理師である。安衛法第66条の10第1項、安衛則第52条の10。

　よって、解答は(1)である。

解答　(1)

問42 労働安全衛生法に基づく心理的な負担の程度を把握するための検査について、医師及び保健師以外の検査の実施者として、次のAからDの者のうち正しいものの組合せは(1)～(5)のうちどれか。

ただし、実施者は、法定の研修を修了した者とする。

A　産業カウンセラー

B　看護師

C　衛生管理者

D　精神保健福祉士

(1)　A，B

(2)　A，D

(3)　B，C

(4)　B，D

(5)　C，D

【R2年4月／問7】

※ R1年10月／問5は類似問題

解　説

当該検査の実施者は、医師、保健師、法定の研修を修了した歯科医師、看護師、精神保健福祉士、公認心理師である。安衛法第66条の10第1項、安衛則第52条の10。

よって、解答は(4)である。

解答　(4)

解答にあたっての**ポイント**

○面接指導等

・事業者は、その労働時間の状況その他の事項が労働者の健康の保持を考慮して、休憩時間を除き1週間当たり40時間を超えて労働させた場合におけるその超えた時間が1月当たり80時間を超え、かつ疲労の蓄積が認められ（**安衛則第52条の2第1項**）、一般的には、申出を行った労働者（**同則第52条の3第1項**）に対し、医師による面接指導（問診その他の方法により心身の状況を把握し、これに応じて面接により必要な指導を行うこと）を行わなければならない（**安衛法第66条の8第1項**）。

・この面接指導は、事業者が指定した医師が行う面接指導を希望しない場合において、他の医師の行う同項の規定による面接指導に相当する面接指導を受け、その結果を証明する書面を事業者に提出することができる（**安衛法第66条の8第2項**）。

・面接指導の結果及び当該医師の意見については，記録を作成し，5年間保存しなければならない（**安衛則第52条の6第1項**）。

・時間外労働の上限が適用されない、新たな技術、商品又は役務の研究開発に係る業務（**労基法第36条第11項**）、労働時間法制が適用されない、高度プロフェッショナル制度（**労基法第41条の2**）の対象者は、1週間当たり40時間を超えた労働時間又は健康管理時間が100時間を超えた場合、当該労働者による申出なしに医師による面接指導の対象となる（**安衛則第52条の7の2、同則第52条の7の4**）。

・事業者は、面接指導を実施するため、タイムカードによる記録、パーソナルコンピュータ等の電子計算機の使用時間の記録等の客観的な方法等により、労働時間の状況を把握しなければならない（**安衛法第66条の8の3、安衛則第52条の7の3**）。

・時間外・休日労働時間の算定は、毎月１回以上、一定の期日を定めて行わなければならない（**安衛則第52条の２第２項**）。事業者は、時間外・休日労働時間の算定を行ったときは、当該超えた時間が１月当たり80時間を超えた労働者本人に対して、速やかに当該超えた時間に関する情報を通知しなければならない（**同則第52条の２第３項**）。

○面接指導における確認事項

面接指導の確認事項は、勤務の状況、疲労の蓄積の状況その他心身の状況について（**安衛則第52条の４**）であり、面接指導の結果に基づき、当該労働者の健康を保持するために必要な措置について、遅滞なく医師の意見を聴かなければならない（**同則第52条の７**）。

○心理的な負担の程度を把握するための検査（ストレスチェック）等（**安衛法第66条の10**）

・常時50人以上の労働者を使用する事業者は、１年以内ごとに１回、定期に、ストレスチェックを行わなければならない（それ以外の事業場については、当分の間、努力義務）（**安衛法第66条の10第１項、同法附則第４条**）。

・労働者に対するストレスチェックの事項は、

　　当該労働者の心理的な負担の原因

　　当該労働者の心理的な負担による心身の自覚症状

　　他の労働者による当該労働者への支援

に関する項目である（**安衛則第52条の９**）。

・事業者は、ストレスチェックを行った医師等から、遅滞なく、検査を受けた労働者に当該検査結果を通知されるようにしなければならない（**安衛法第66条の10第２項、安衛則第52条の12**）。

・事業者は、ストレスチェックの結果心理的な負担の程度が高い労働者で、医師が面接指導を受ける必要があると認め、かつ当該労働者が面接指導を受けることを希望する旨を申し出たときは、医師による面接指導を行わなければならない（**安衛法第66条の10第３項、安衛則第52条の15**）。

・事業者は、医師による面接指導の結果に基づき、当該面接指導の結果の記録を作成し、これを５年間保存しなければならない（**安衛法第66条の10第４項、安衛則第52条の18第１項**）。

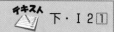
問43
□□　事業場の建築物、施設等に関する措置について、労働安全衛生規則の衛生基準に違反していないものは次のうちどれか。

(1)　常時男性35人、女性10人の労働者を使用している事業場で、労働者が臥床することのできる男女別々の休養室又は休養所を設けていない。

(2)　常時50人の労働者を就業させている屋内作業場の気積が、設備の占める容積及び床面から 4 m を超える高さにある空間を除き450m³となっている。

(3)　日常行う清掃のほか、毎年 1 回、12月下旬の平日を大掃除の日と決めて大掃除を行っている。

(4)　事業場に附属する食堂の床面積を、食事の際の 1 人について、0.5m²としている。

(5)　労働衛生上の有害業務を有しない事業場において、窓その他の開口部の直接外気に向かって開放することができる部分の面積が、常時床面積の25分の 1 である屋内作業場に、換気設備を設けていない。

【R5年10月／問 5 】

解 説

(1)　違反していない。臥床することのできる休養室又は休養所を、男性用と女性用を区別して設けなければならないのは、常時50人以上又は常時女性30人以上の労働者を使用する場合。安衛則第618条。

(2)　違反。床からの高さ「 4 m 以下」の気積は 1 人当たり「10m³以上」必要であり、常時50人の労働者を就業させている屋内作業場は「500m³以上」の気積が必要。安衛則第600条。

(3)　違反。安衛則第619条第 1 号では、「日常行う清掃のほか、大掃除を、 6 月以内ごとに 1 回、定期に、統一的に行うこと」と規定されている。

(4)　違反。安衛則第630条第 2 号では、「食堂の床面積を、食事の際の一人について、1.0m²以上とすること」と規定されている。

(5)　違反。安衛則第601条第 1 項では、換気設備を設けていない屋内作業場では、

「窓その他の開口部の直接外気に向かって開放することができる部分の面積が、常時床面積の20分の1以上となるようにしなければならない」と規定されている。

解答 (1)

　　　事業場の建築物、施設等に関する措置について、労働安全衛生規則の衛
□□　　生基準に違反していないものは次のうちどれか。

(1)　常時男性5人及び女性35人の労働者を使用している事業場で、男女共用の休
憩室のほかに、女性用の臥床することのできる休養室を設けているが、男性用
の休養室や休養所は設けていない。

(2)　60人の労働者を常時就業させている屋内作業場の気積を、設備の占める容積
及び床面から3mを超える高さにある空間を除き600m^{3}としている。

(3)　労働衛生上の有害業務を有しない事業場において、窓その他の開口部の直接
外気に向かって開放することができる部分の面積が、常時床面積の25分の1で
ある屋内作業場に、換気設備を設けていない。

(4)　事業場に附属する食堂の床面積を、食事の際の1人について、0.8m^{2}として
いる。

(5)　日常行う清掃のほか、1年以内ごとに1回、定期に、統一的に大掃除を行っ
ている。

【R5年4月／問8】

解説

(1)　違反。常時50人以上又は常時女性30人以上の労働者を使用するときは、労働
者が臥床することのできる休養室又は休養所を、男性用と女性用に区別して設
けなければならない。安衛則第618条。

(2)　違反していない。高さ「4m以下」の空間の気積が1人当たり「10m^{3}以上」
であればよい。安衛則第600条。

(3)　違反。開口部の面積が床面積の「20分の1以上」あれば換気設備を設けてい
なくともよいが、「25分の1」は「20分の1」よりも小さいため、換気設備を設
けなければならない。安衛則第601条第1項。

(4)　違反。1人あたり「1m^{2}以上」なければならない。安衛則第630条第2号。

(5)　違反。「1年」ではなく「6か月以内」。安衛則第619条第1号。

解答　(2)

問45　　事業場の建築物、施設等に関する措置について、労働安全衛生規則の衛
□□　生基準に違反していないものは次のうちどれか。

(1)　日常行う清掃のほか、1年以内ごとに1回、定期に、統一的に大掃除を行っ
　　ている。

(2)　男性25人、女性25人の労働者を常時使用している事業場で、労働者が臥床す
　　ることのできる休養室又は休養所を男性用と女性用に区別して設けていない。

(3)　60人の労働者を常時就業させている屋内作業場の気積が、設備の占める容積
　　及び床面から4mを超える高さにある空間を除き、500m³となっている。

(4)　事業場に附属する食堂の床面積を、食事の際の1人について、0.8m²として
　　いる。

(5)　労働衛生上の有害業務を有しない事業場において、窓その他の開口部の直接
　　外気に向かって開放することができる部分の面積が、常時床面積の15分の1で
　　ある屋内作業場に、換気設備を設けていない。

【R4年4月／問5】

解説

(1)　違反。安衛則第619条第1号では、「日常行う清掃のほか、大掃除を、6月以
　　内ごとに1回、定期に、統一的に行うこと」と規定されている。

(2)　違反。安衛則第618条では、「常時50人以上又は常時女性30人以上の労働者を
　　使用するときは、労働者が臥床することのできる休養室又は休養所を、男性用
　　と女性用に区別して設けなければならない」と規定されている。

(3)　違反。安衛則第600条では、「屋内作業場の気積を、設備の占める容積及び
　　床面から4mを超える高さにある空間を除き、労働者一人について、10m³
　　以上としなければならない」と規定されている。設問では500m³に60人就業
　　していることになるので、1名当たりの気積は約8.3m³となるので違反であ
　　る。

(4)　違反。安衛則第630条第2号では、「食堂の床面積を、食事の際の一人につい
　　て、1.0m²以上とすること」と規定されている。

(5)　違反していない。安衛則第601条第1項では、換気設備を設けていない屋内
　　作業場では、「窓その他の開口部の直接外気に向かって開放することができる

部分の面積が、常時床面積の20分の1以上となるようにしなければならない」
と規定されている。

解答 (5)

問46
□□　事業場の建築物、施設等に関する措置について、労働安全衛生規則の衛生基準に違反していないものは次のうちどれか。

(1)　日常行う清掃のほか、1年に1回、定期に、統一的に大掃除を行っている。

(2)　男性25人、女性25人の労働者を常時使用している事業場で、労働者が臥床することのできる休養室又は休養所を男性用と女性用に区別して設けていない。

(3)　坑内等特殊な作業場以外の作業場において、男性用小便所の箇所数は、同時に就業する男性労働者50人以内ごとに1個以上としている。

(4)　事業場に附属する食堂の床面積を、食事の際の1人について、$0.8m^2$としている。

(5)　労働衛生上の有害業務を有しない事業場において、窓その他の開口部の直接外気に向かって開放することができる部分の面積が、常時床面積の15分の1である屋内作業場に、換気設備を設けていない。

【R3年10月／問7】

> 解説

(1)　違反。「1年」ではなく「6か月以内」。安衛則第619条第1号。

(2)　違反。常時50人以上又は常時女性30人以上の労働者を使用するときは、労働者が臥床することのできる休養室又は休養所を、男性用と女性用に区別して設けなければならない。安衛則第618条。

(3)　違反。「50人以内」ではなく「30人以内」。30人以内に1箇所以上、30人超のときは、それに加え、30人を超える30人またはその端数を増すごとに1を加えた箇所以上。安衛則第628条第1項第3号。

(4)　違反。1人あたり「1m^2以上」なければならない。安衛則第630条第2号。

(5)　違反していない。開口部の面積が床面積の「20分の1以上」あれば換気設備を設けていなくともよいが、「15分の1」は「20分の1」よりも大きいため、換気設備を設けなくてもよい。安衛則第601条第1項。

解答　(5)

問47　事業場の建築物、施設等に関する措置について、労働安全衛生規則の衛生基準に違反しているものは次のうちどれか。

(1)　常時50人の労働者を就業させている屋内作業場の気積が、設備の占める容積及び床面から４ｍを超える高さにある空間を除き400m³となっている。

(2)　ねずみ、昆虫等の発生場所、生息場所及び侵入経路並びにねずみ、昆虫等による被害の状況について、６か月以内ごとに１回、定期に、統一的に調査を実施し、その調査結果に基づき、必要な措置を講じている。

(3)　常時男性５人と女性25人の労働者が就業している事業場で、女性用の臥床ができる休養室を設けているが、男性用には、休養室の代わりに休憩設備を利用させている。

(4)　事業場に附属する食堂の床面積を、食事の際の１人について、1.1m²となるようにしている。

(5)　労働者を常時就業させる場所の作業面の照度を、精密な作業については750ルクス、粗な作業については200ルクスとしている。

【R2年10月／問７】

解 説

(1)　違反。床からの高さ「４ｍ以下」の気積は１人当たり「10m³以上」必要であり、常時50人の労働者を就業させている屋内作業場は「500m³以上」の気積が必要。安衛則第600条。

(2)　違反していない。安衛則第619条第２号。

(3)　違反していない。臥床することのできる休養室又は休養所を、男性用と女性用を区別して設けなければならないのは、常時50人以上又は常時女性30人以上の労働者を使用する場合。安衛則第618条。

(4)　違反していない。１人あたり「１m²以上」であればよい。安衛則第630条第２号。

(5)　違反していない。安衛則第604条。

解答　(1)

問48　事業場の建築物、施設等に関する措置について、労働安全衛生規則の衛生基準に違反していないものは次のうちどれか。

(1)　事業場に附属する食堂の床面積を、食事の際の1人について、0.5m^{2}としている。

(2)　男性5人及び女性30人の労働者を常時使用している事業場で、休憩の設備を設けているが、労働者が臥床することのできる休養室又は休養所を男女別に設けていない。

(3)　事業場に附属する食堂の炊事従業員について、専用の便所を設けているほか、一般従業員と共用の休憩室を設けている。

(4)　60人の労働者を常時就業させている屋内作業場の気積を、設備の占める容積及び床面から3mを超える高さにある空間を除き600m^{3}としている。

(5)　日常行う清掃のほか、1年ごとに1回、定期に、統一的に大掃除を行っている。

【R1年10月／問7】

解説

(1)　違反。1人あたり「1m^{2}以上」とすることが必要。安衛則第630条第2号。

(2)　違反。常時50人以上又は常時女性30人以上の労働者を使用するときは、労働者が臥床することのできる休養室又は休養所を、男性用と女性用に区別して設けなければならない。安衛則第618条。

(3)　違反。便所に加え休憩室も共用でなく専用のものを設けなければならない。安衛則第630条第11号。

(4)　違反していない。高さ「4m以下」の空間の気積が1人当たり「10m^{3}以上」であればよい。安衛則第600条。

(5)　違反。「1年」ではなく「6か月以内」。安衛則第619条第1号。

解答　(4)

問49 　事業場の建築物、施設等に関する措置について、労働安全衛生規則の衛
□□　生基準に違反していないものは次のうちどれか。

(1) 日常行う清掃のほか、大掃除を、1年以内ごとに1回、定期に、統一的に行っ
ている。

(2) 男性20人、女性25人の労働者を常時使用している事業場で、労働者が臥床す
ることのできる休養室又は休養所を、男性用と女性用に区別して設けていない。

(3) 事業場に附属する食堂の炊事従業員について、専用の便所を設けているほか、
一般の労働者と共用の休憩室を備えている。

(4) 事業場に附属する食堂の床面積を、食事の際の1人について、0.8m²として
いる。

(5) 労働衛生上の有害業務を有しない事業場において、窓その他の開口部の直接
外気に向って開放することができる部分の面積が、常時床面積の25分の1であ
る屋内作業場に、換気設備を設けていない。

【H31年4月／問7】

解説

(1) 違反。「1年」ではなく「6か月以内」。安衛則第619条第1号。

(2) 違反していない。労働者が臥床することのできる休養室又は休養所を、男性
用と女性用を区別して設けなければならないのは、常時50人以上又は常時女性
30人以上の労働者を使用するときである。安衛則第618条。

(3) 違反。便所に加え休憩室も共用でなく専用のものを設けなければならない。
安衛則第630条第11号。

(4) 違反。1人あたり「1m²以上」とすることが必要。安衛則第630条第2号。

(5) 違反。開口部の面積が床面積の「20分の1以上」あれば換気設備を設けてい
なくともよいが、「25分の1」は「20分の1」よりも小さいため、換気設備を設
けなければならない。安衛則第601条第1項。

解答　(2)

問50 ある屋内作業場の床面から4mをこえない部分の容積が150m³であり、
□□ かつ、このうちの設備の占める分の容積が55m³であるとき、法令上、常時
就業させることのできる最大の労働者数は次のうちどれか。

(1) 4人

(2) 9人

(3) 10人

(4) 15人

(5) 19人

【R4年10月／問8、R3年4月／問7】

解 説

　屋内作業場の床面からの高さ「4m以下」の気積は、設備の占める容積を除き、
1人当たり「10m³以上」必要。安衛則第600条。

　(150m³−55m³)／10m³＝9.5人となるため、9人。

よって、解答は(2)である。

解答 (2)

○気積（**安衛則第600条**）

　屋内作業場の気積は 1 人当たり10m^{3}以上としなければならない。ただし、設備の占める容積及び床面から 4 m を超える高さにある空間の気積は除く。

○換気（**安衛則第601条第 1 項**）

　屋内作業場において、窓その他の開口部の直接外気に向かって開放することができる部分の面積が、常時床面積の20分の 1 以上になるようにしなければならない。

○照度（**安衛則第604条**）

　常時就業させる場所の照度を作業の区分に応じて基準に適合させなければならない。

作業の区分	基　準
精密な作業	300ルクス以上
普通の作業	150ルクス以上
粗な作業	70ルクス以上

○採光及び照明（**安衛則第605条第 2 項**）

　常時就業させる場所の照明設備について、6 月以内ごとに 1 回、定期に、点検しなければならない。

○休養室等（**安衛則第618条**）

　常時50人以上又は常時女性30人以上の労働者を使用するときは、労働者が臥床することのできる休養室又は休養所を、男性用と女性用に区分して設けなければならない。

○清掃等の実施（**安衛則第619条**）

第1号　大掃除は、6月以内ごとに1回、定期に、統一的に行うこと。

第2号　ねずみ、昆虫等の発生場所、生息場所及び侵入経路並びにねずみ、昆虫等による被害の状況について、6月以内ごとに1回、定期に、統一的に調査を実施し、当該調査の結果に基づき、ねずみ、昆虫等の発生を防止するため必要な措置を講ずること。

○食堂及び炊事場（**安衛則第630条**）

第2号　食堂の床面積は、1人あたり1 m^2以上とすること。

第11号　炊事従業員専用の休憩室及び便所を設けること。

10　事務所衛生基準規則

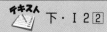 下・Ⅰ2②

問51　事務室の空気環境の測定、設備の点検等に関する次の記述のうち、法令
□□　上、誤っているものはどれか。

(1)　中央管理方式の空気調和設備を設けた建築物内の事務室については、空気中
の一酸化炭素及び二酸化炭素の含有率を、6か月以内ごとに1回、定期に、測
定しなければならない。

(2)　事務室の建築、大規模の修繕又は大規模の模様替を行ったときは、その事務
室における空気中のホルムアルデヒドの濃度を、その事務室の使用を開始した
日以後所定の時期に1回、測定しなければならない。

(3)　燃焼器具を使用するときは、発熱量が著しく少ないものを除き、毎日、異常
の有無を点検しなければならない。

(4)　事務室において使用する機械による換気のための設備については、2か月以
内ごとに1回、定期に、異常の有無を点検しなければならない。

(5)　空気調和設備内に設けられた排水受けについては、原則として、1か月以内
ごとに1回、定期に、その汚れ及び閉塞の状況を点検しなければならない。

【R4年10月／問7】

解説

(1)　誤り。中央管理方式の空気調和設備を設けた建築物内の事務室については、
空気中の一酸化炭素及び二酸化炭素の含有率を、原則2か月以内ごとに1回、
定期に、測定しなければならない。安衛令第21条第5号、事務所則第7条第1
項第1号。

(2)　正しい。事務所則第7条の2、同則第5条第1項第3号。

(3)　正しい。事務所則第6条第2項。

(4)　正しい。事務所則第9条。

(5)　正しい。事務所則第9条の2第4号。

解答　(1)

問52　事務室の空気環境の測定、設備の点検等に関する次の記述のうち、法令
□□　　上、誤っているものはどれか。

(1)　燃焼器具を使用するときは、発熱量が著しく少ないものを除き、毎日、異常
の有無を点検しなければならない。

(2)　事務室において使用する機械による換気のための設備については、2か月以
内ごとに1回、定期に、異常の有無を点検しなければならない。

(3)　空気調和設備内に設けられた排水受けについて、原則として、1か月以内ご
とに1回、定期に、その汚れ及び閉塞の状況を点検し、必要に応じ、その清掃
等を行わなければならない。

(4)　中央管理方式の空気調和設備を設けた建築物内の事務室については、空気中
の一酸化炭素及び二酸化炭素の含有率を、3か月以内ごとに1回、定期に、測
定しなければならない。

(5)　事務室の建築、大規模の修繕又は大規模の模様替を行ったときは、その事務
室における空気中のホルムアルデヒドの濃度を、その事務室の使用を開始した
日以後所定の時期に1回、測定しなければならない。

【R4年4月／問8】

※R3年・R2年4月／問8は類似問題

解説

(1)　正しい。事務所則第6条第2項。

(2)　正しい。事務所則第9条。

(3)　正しい。事務所則第9条の2第4号。

(4)　誤り。「3か月以内」ではなく、「2か月以内」ごとに1回。安衛令第21条第
5号、事務所則第7条第1項第1号。

(5)　正しい。事務所則第7条の2、同則第5条第1項第3号。

解答　(4)

問53 　事務室の設備の定期的な点検等に関する次の記述のうち、法令上、正しいものはどれか。

(1) 機械による換気のための設備については、3か月以内ごとに1回、定期に、異常の有無を点検しなければならない。

(2) 燃焼器具を使用するときは、発熱量が著しく少ないものを除き、1か月以内ごとに1回、定期に、異常の有無を点検しなければならない。

(3) 空気調和設備内に設けられた排水受けについては、原則として、2か月以内ごとに1回、定期に、その汚れ及び閉塞の状況を点検しなければならない。

(4) 空気調和設備の加湿装置については、原則として、2か月以内ごとに1回、定期に、その汚れの状況を点検しなければならない。

(5) 空気調和設備の冷却塔及び冷却水については、原則として、1か月以内ごとに1回、定期に、その汚れの状況を点検し、必要に応じ、その清掃及び換水等を行わなければならない。

【R5年4月／問6】

```
解説
```

(1) 誤り。「3か月」ではなく「2か月」以内ごと。事務所則第9条。

(2) 誤り。毎日点検を実施すること。事務所則第6条第2項。

(3) 誤り。「2か月」ではなく「1か月」以内ごと。事務所則第9条の2第4号。

(4) 誤り。「2か月」ではなく「1か月」以内ごと。事務所則第9条の2第3号。

(5) 正しい。事務所則第9条の2第2号。

解答 (5)

問54　事務室の設備の定期的な点検に関する次の記述のうち、法令上、正しいものはどれか。

(1)　中央管理方式の空気調和設備を設けている建築物の事務室については、6か月以内ごとに1回、定期に、空気中の一酸化炭素及び二酸化炭素の含有率を測定しなければならない。

(2)　機械による換気のための設備については、2か月以内ごとに1回、定期に、異常の有無を点検しなければならない。

(3)　燃焼器具を使用するときは、発熱量が著しく少ないものを除き、1か月以内ごとに1回、定期に、異常の有無を点検しなければならない。

(4)　空気調和設備内に設けられた排水受けについては、原則として、2か月以内ごとに1回、定期に、その汚れ及び閉塞の状況を点検しなければならない。

(5)　空気調和設備の加湿装置については、原則として、2か月以内ごとに1回、定期に、その汚れの状況を点検しなければならない。

【R2年10月／問8】

※ R1年10月／問8は類似問題

解説

(1)　誤り。中央管理方式の空気調和設備を設けている建築物内の事務所については、「6か月以内ごと」ではなく「2か月以内ごと」に1回、定期に、測定を行わなくてはならない。安衛令第21条第5号、事務所則第7条第1項第1号。

(2)　正しい。事務所則第9条。

(3)　誤り。毎日点検を実施すること。事務所則第6条第2項。

(4)　誤り。「2か月」ではなく「1か月」以内ごと。事務所則第9条の2第4号。

(5)　誤り。「2か月」ではなく「1か月」以内ごと。事務所則第9条の2第3号。

解答　(2)

事務室の空気環境の調整に関する次の文中の 内に入れるA及びB
の数値の組合せとして、法令上、正しいものは(1)～(5)のうちどれか。

「①　空気調和設備又は機械換気設備を設けている場合は、室に供給さ
れる空気については、１気圧、温度25℃とした場合の当該空気中に占める
二酸化炭素の含有率が100万分の A 以下となるように、当該設備を調整
しなければならない。

②　①の設備により室に流入する空気が、特定の労働者に直接、継続し
て及ばないようにし、かつ、室の気流を B m/s 以下としなければならな
い。」

	A	B
(1)	1,000	0.3
(2)	1,000	0.5
(3)	2,000	0.3
(4)	2,000	0.5
(5)	2,000	1

【R5年10月・H31年4月／問8】

解説

　事務所則第5条第1項第2号及び同条第2項により、空気調和設備又は機械換
気設備から供給される空気の二酸化炭素の含有率は100万分の1,000以下、気流は
0.5m/s 以下にするよう規定されているので、解答は(2)である。

解答　(2)

問56　事務室の空気環境の調整に関する次の文中の＿＿＿内に入れるA及びB
□□　の数値の組合せとして、法令上、正しいものは(1)～(5)のうちどれか。

　　　「空気調和設備又は機械換気設備を設けている場合は、室に供給される
　　空気が、次に適合するように当該設備を調整しなければならない。

　　　①　1気圧、温度25℃とした場合の当該空気1 m³中に含まれる浮遊粉
　　　　じん量が ＿A＿ mg 以下であること。

　　　②　1気圧、温度25℃とした場合の当該空気1 m³中に含まれるホルム
　　　　アルデヒドの量が ＿B＿ mg 以下であること。」

	A	B
(1)	0.15	0.1
(2)	0.15	0.3
(3)	0.5	0.1
(4)	0.5	0.3
(5)	0.5	0.5

【R3年10月／問8】

解　説

　　事務室の空気調和設備、機械換気設備を設けている場合、事務所則第5条に基
づき、室に供給される空気を調整することが規定されている。

①　当該空気1 m³中に含まれる浮遊粉じん量が0.15mg 以下であること。事務
　所則第5条第1項第1号。

②　当該空気1 m³中に含まれるホルムアルデヒドの量が0.1mg 以下であるこ
　と。事務所則第5条第1項第3号。

　　よって、解答は(1)である。

解答　(1)

問57 □□ 事務室の空気環境の調整に関する次の文中の □ 内に入れるＡ及びＢの数値の組合せとして、法令上、正しいものは(1)～(5)のうちどれか。

「① 空気調和設備又は機械換気設備を設けている場合は、室に供給される空気が、１気圧、温度25℃とした場合の当該空気中に占める二酸化炭素の含有率が100万分の □Ａ 以下となるように、当該設備を調整しなければならない。

② ①の設備により室に流入する空気が、特定の労働者に直接、継続して及ばないようにし、かつ、室の気流を □Ｂ m／s以下としなければならない。」

	Ａ	Ｂ
(1)	1,000	0.3
(2)	1,000	0.5
(3)	2,000	0.5
(4)	5,000	0.3
(5)	5,000	0.5

【R2年４月／問５】

解説

　事務室の空気調和設備、機械換気設備を設けている場合、事務所則第５条に基づき、室に供給される空気を調整することが規定されている。

① 当該空気中に占める二酸化炭素の含有率は100万分の1,000以下であること。事務所則第５条第１項第２号。

② ①の設備により室に流入する空気が、特定の労働者に直接、継続して及ばないようにし、かつ室の気流は0.5m／s以下であること。事務所則第５条第２項。よって、解答は(2)である。

解答 (2)

解答にあたってのポイント

○換気（事務所則第3条第2項）

　事務室における一酸化炭素の含有率を100万分の50以下、二酸化炭素の含有率を100万分の5,000以下としなければならない。

○空気調和設備等による調整（事務所則第5条）

・空気調和設備（空気を浄化し、その温度、湿度及び流量を調節して供給することができる設備）又は機械換気設備（空気を浄化し、その流量を調節して供給することができる設備）を設けている場合、室に供給される空気が次の各号に適合するように、当該設備を調節しなければならない（**第1項**）。

　　第1号　浮遊粉じん量　0.15mg/m³以下

　　第2号　一酸化炭素含有率　100万分の10以下

　　　　　　（ただし、外気が汚染されており100万の10以下に調節することが困難な場合は100万分の20以下）

　　　　　　二酸化炭素含有率　100万分の1,000以下

　　第3号　ホルムアルデヒドの量　0.1mg/m³以下

・上記設備により室に流入する空気が、特定の労働者に直接、継続して及ばないようにし、かつ、室の気流を0.5m/s以下としなければならない（**第2項**）。

・空気調和設備を設けている場合は、

　　　　室の気温　18℃以上28℃以下

　　　　相対湿度　40%以上70%以下

　になるよう努めなければならない（**第3項**）。

○燃焼器具（**事務所則第６条第２項**）

　燃焼器具を使用するときは、毎日、当該器具の異常の有無を点検しなければならない。

○作業環境測定等

・中央管理方式の空気調和設備を設けている建築物の室で事務室の用に供されているものについて、２月以内に１回、定期に、次の事項を測定しなければならない（**事務所則第７条第１項**）。

　　　　第１号　一酸化炭素及び二酸化炭素含有率

　　　　第２号　室温及び外気温

　　　　第３号　相対湿度

・作業環境測定を行ったときは、必要事項を記録して、これを３年間保存しなければならない（**事務所則第７条第２項**）。

・事務室の改築、大規模な修繕又は大規模な模様替えを行ったときは、当該室の使用を開始した日以後最初に到来する６月から９月までの期間に１回、その事務室におけるホルムアルデヒドの濃度を測定しなければならない（**事務所則第７条の２**）。

○点検等（**事務所則第９条**）

　機械による換気のための設備（空気調和設備、機械換気設備及び換気扇等機械（動力）による換気のための設備）について、はじめて使用するとき、分解して改造又は修理を行ったとき及び２月以内ごとに１回、定期に、異常の有無を点検し、その結果を３年間保存しなければならない。

○空気調和設備の点検等（**事務所則第９条の２各号**）

　病原体によって室の内部の空気が汚染されることを防止するため次の各

号に掲げる措置を講じなければならない。

第2号　冷却塔及び冷却水について、1月以内ごとに1回、定期に、その汚れの状況を点検し、その必要に応じ、その清掃及び換水等を行うこと。

第3号　加湿装置について、1月以内ごとに1回、定期に、その汚れの状況を点検し、その必要に応じ、その清掃等を行うこと。

第4号　排水受けについて、1月以内ごとに1回、定期に、その汚れ及び閉塞の状況を点検し、その必要に応じ、その清掃等を行うこと。

第5号　冷却塔、冷却水の水管及び加湿装置の清掃を、それぞれ1年以内ごとに1回、定期に行うこと。

（公表試験問題で出題されたものを抜粋）

○照度等（**事務所則第10条**）

　室の作業面の照度については、次表のとおり作業の区分に応じてそれぞれの基準に適合させなければならない（**第1項**）。

作業の区分	基　準
一般的な事務作業	300ルクス
付随的な事務作業	150ルクス

　また、照明設備については、6月以内ごとに1回、定期に、点検しなければならない（**第3項**）。

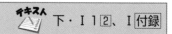
問58 労働衛生コンサルタントに関する次の記述のうち、法令上、誤っている
□□ ものはどれか。

(1) 労働衛生コンサルタントは、他人の求めに応じ報酬を得て、労働者の衛生の
水準の向上を図るため、事業場の衛生についての診断及びこれに基づく指導を
行うことを業とする。

(2) 労働衛生コンサルタント試験には、保健衛生及び労働衛生工学の2つの区分
がある。

(3) 労働衛生コンサルタント試験に合格した者は、厚生労働大臣の指定する指定
登録機関に備える労働衛生コンサルタント名簿に、氏名、生年月日等所定の事
項の登録を受けることにより、労働衛生コンサルタントとなることができる。

(4) 労働衛生コンサルタントが、その業務に関して知り得た秘密を漏らし、又は
盗用したときは、その登録を取り消されることがある。

(5) 労働衛生コンサルタントの診断及び指導を受けた事業者は、その記録を作成
して、これを3年間保存しなければならない。

【R5年10月／問6】

解説

(1) 正しい。安衛法第81条第2項。

(2) 正しい。コンサルタント則第10条。

(3) 正しい。安衛法第84条第1項。

(4) 正しい。安衛法第85条第2項。同法第86条第2項。

(5) 誤り。労働衛生コンサルタントの診断及び指導の記録について、事業者に保
存義務を課す規定はない。

解答 (5)

参考問題 労働者死傷病報告に関する次の文中の　　内に入れるA及びBの語句
□□ の組合せとして、法令上、正しいものは(1)〜(5)のうちどれか。

「派遣労働者が派遣中に労働災害により休業した場合の労働者死傷病報
告書の提出義務者は A の事業者であり、その提出先は B である。」

	A	B
(1)	派遣元及び派遣先双方	それぞれの所轄労働基準監督署長
(2)	派遣元及び派遣先双方	それぞれの所轄都道府県労働局長
(3)	派　遣　元	所轄労働基準監督署長
(4)	派　遣　元	所轄都道府県労働局長
(5)	派　遣　元	所轄労働基準監督署長及び 所轄都道府県労働局長

【H29年10月／問6】

解説

(1) 正しい。安衛法第100条第1項、安衛則第97条第1項、労働者派遣事業の適正
　　な運営の確保及び派遣労働者の保護等に関する法律施行規則第42条。

(2) 誤り。

(3) 誤り。

(4) 誤り。

(5) 誤り。

解答 (1)

解答にあたってのポイント

○報告等（安衛法第100条第1項）

　厚生労働大臣、都道府県労働局長又は労働基準監督署長は、事業者、労働者等に必要な事項を報告させ、又は出頭させることができる（抜粋）。

○労働者死傷病報告（安衛則第97条第1項）

　負傷、窒息又は急性中毒により死亡、又は休業したときは、遅滞なく、報告書を所轄労働基準監督署長に提出しなければならない（抜粋）。

○労働者派遣事業の適正な運営の確保及び派遣労働者の保護等に関する法律第45条第15項、労働者派遣事業の適正な運営の確保及び派遣労働者の保護等に関する法律施行規則第42条及び通達「派遣労働者に係る労働条件及び安全衛生の確保について」（平成21年3月31日付け基発第0331010号、最終改正：平成31年3月29日付け基発0329第4号）

・派遣元事業者は、派遣労働者が労働災害に被災した場合、派遣先事業者に対し、所轄労働基準監督署に提出した労働者死傷病報告の写しの送付を求め、その内容を踏まえて労働者死傷病報告を作成し、派遣元の事業場の所轄労働基準監督署長に提出すること。

・派遣先事業者は、派遣労働者が労働災害に被災した場合は、労働者死傷病報告作成し、派遣先の事業場の所轄労働基準監督署長に提出すること。また、当該労働者死傷病報告の写しを派遣元事業者に送付すること。

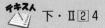

② 労働基準法

1　労働時間等　　　　テキストへ　下・Ⅱ②4

問1 　労働基準法における労働時間等に関する次の記述のうち、正しいものはどれか。

(1) 　1日8時間を超えて労働させることができるのは、時間外労働の協定を締結し、これを所轄労働基準監督署長に届け出た場合に限られている。

(2) 　労働時間が8時間を超える場合においては、少なくとも45分の休憩時間を労働時間の途中に与えなければならない。

(3) 　機密の事務を取り扱う労働者に対する労働時間に関する規定の適用の除外については、所轄労働基準監督署長の許可を受けなければならない。

(4) 　フレックスタイム制の清算期間は、3か月以内の期間に限られる。

(5) 　満20歳未満の者については、時間外・休日労働をさせることはできない。

【R5年4月／問9】

解説

(1) 　誤り。労基法第32条の2から第32条の5の変形労働時間制や同法第36条の時間外及び休日の労働に係る協定を結ばなくても、労働時間等に関する規定の適用除外（同法第41条）等があるので、所轄労働基準監督署長に届け出た場合に限られているわけではない。

(2) 　誤り。労働時間が8時間を超える場合には、少なくとも1時間の休憩時間を与えなければならない。労基法第34条第1項。

(3) 　誤り。機密の事務を取り扱う労働者に対しては、所轄労働基準監督署長の許可を必要としない。労基法第41条第2号。

(4) 　正しい。労基法第32条の3第1項第2号。

(5) 　誤り。「満20歳未満」ではなく「満18歳未満」の者。労基法第60条第1項。

解答　(4)

問2　労働基準法における労働時間等に関する次の記述のうち、正しいものはどれか。□□

(1)　1日8時間を超えて労働させることができるのは、時間外労働の協定を締結し、これを所轄労働基準監督署長に届け出た場合に限られている。

(2)　労働時間に関する規定の適用については、事業場を異にする場合は労働時間を通算しない。

(3)　労働時間が8時間を超える場合においては、少なくとも45分の休憩時間を労働時間の途中に与えなければならない。

(4)　機密の事務を取り扱う労働者については、所轄労働基準監督署長の許可を受けなくても労働時間に関する規定は適用されない。

(5)　監視又は断続的労働に従事する労働者については、所轄労働基準監督署長の許可を受ければ、労働時間及び年次有給休暇に関する規定は適用されない。

【R3年10月／問9】

解説

(1)　誤り。労基法第32条の2から第32条の5の変形労働時間制や同法第36条の時間外及び休日の労働に係る協定を結ばなくても、労働時間等に関する規定の適用除外（同法第41条）等があるので、所轄労働基準監督署長に届け出た場合に限られているわけではない。

(2)　誤り。労働時間を通算する。労基法第38条。

(3)　誤り。労働時間が8時間を超える場合には、少なくとも1時間の休憩時間を与えなければならない。労基法第34条第1項。

(4)　正しい。労基法第41条第2号。

(5)　誤り。「労働時間及び年次有給休暇」ではなく「労働時間、休憩及び休日」。労基法第41条第3号。

解答　(4)

問3 　労働基準法における労働時間等に関する次の記述のうち、正しいものはどれか。

　　　　ただし、労使協定とは、「労働者の過半数で組織する労働組合（その労働組合がない場合は労働者の過半数を代表する者）と使用者との書面による協定」をいうものとする。

(1)　1日8時間を超えて労働させることができるのは、時間外労働の労使協定を締結し、これを所轄労働基準監督署長に届け出た場合に限られている。

(2)　労働時間に関する規定の適用については、事業場を異にする場合は労働時間を通算しない。

(3)　所定労働時間が7時間30分である事業場において、延長する労働時間が1時間であるときは、少なくとも45分の休憩時間を労働時間の途中に与えなければならない。

(4)　監視又は断続的労働に従事する労働者であって、所轄労働基準監督署長の許可を受けたものについては、労働時間、休憩及び休日に関する規定は適用されない。

(5)　フレックスタイム制の清算期間は、6か月以内の期間に限られる。

【R3年4月・R2年10月／問9】

解説

(1)　誤り。労基法第32条の2から第32条の5の変形労働時間制や同法第36条の時間外及び休日の労働に係る協定を結ばなくても、労働時間等に関する規定の適用除外（同法第41条）等があるので、所轄労働基準監督署長に届け出た場合に限られているわけではない。

(2)　誤り。労働時間を通算する。労基法第38条。

(3)　誤り。労働時間が8時間を超える場合には、少なくとも1時間の休憩時間を与えなければならない。労基法第34条第1項。

(4)　正しい。労基法第41条第3号。

(5)　誤り。フレックスタイム制の清算期間は「6か月以内」ではなく「3か月以内」。労基法第32条の3第1項第2号。

解答　(4)

参考問題 労働基準法に基づくフレックスタイム制に関する次の記述のうち、誤っ
☐☐ ているものはどれか。

> ただし、常時使用する労働者数が10人以上の規模の事業場におけるフ
> レックスタイム制とし、以下の文中において労使協定とは、「労働者の過半
> 数で組織する労働組合（その労働組合がない場合は労働者の過半数を代表
> する者）と使用者との書面による協定」をいう。

(1)　フレックスタイム制を採用するためには、就業規則により始業及び終業の時
　　刻を労働者の決定に委ねる旨を定め、かつ、労使協定により対象となる労働者
　　の範囲、清算期間、清算期間における総労働時間等を定める必要がある。

(2)　フレックスタイム制を採用した場合には、清算期間を平均し1週間当たりの
　　労働時間が40時間を超えない範囲内において、1日8時間又は1週40時間を超
　　えて労働させることができる。

(3)　清算期間が1か月以内のフレックスタイム制に係る労使協定は、所轄労働基
　　準監督署長に届け出る必要はない。

(4)　フレックスタイム制の清算期間は、3か月以内の期間に限るものとする。

(5)　妊娠中又は産後1年を経過しない女性については、フレックスタイム制によ
　　る労働をさせることはできない。

【H30年4月／問10（一部修正）】

解説

(1)　正しい。労基法第32条の3。

(2)　正しい。労基法第32条の3。

(3)　正しい。清算期間が1か月を超える場合にはフレックスタイム制に係る労使
　　協定を行政官庁（所轄労働基準監督署長）に届け出なければならない。労基法
　　第32条の3第4項。

(4)　正しい。労基法第32条の3第1項第2号。

(5)　誤り。フレックスタイム制は妊産婦保護のため採用してはならない労働時間
　　制に含まれていない。これは、フレックスタイム制を採用しても1日8時間、
　　週所定労働時間40時間での労働が可能であるためである。労基法第66条第1
　　項。

　　　　　　　　　　　　　　　　　　　　　　　　　　　　　　　解答 (5)

解答にあたっての**ポイント**

○法定労働時間を超えて労働させる際には、**労基法第32条の2から第32条の5**や**同法第36条**の協定を結ぶ必要がある。

○上記の協定を結ばずに働かせることができる法令の規定として、災害等による臨時の必要がある場合（**労基法第33条**）や、商業、映画、演劇等の業務は、1週間について44時間まで働かせることができる特例（**同法第40条**）、監督若しくは管理の地位の者又は機密の事務を取り扱う者に対する適用除外（**同法第41条第2号**）があるので、いかなる場合も協定がないと残業させられない、という設問は間違いとなる。

　注意：**同法第41条第3号**の監視又は断続的労働に従事する者は、行政官庁（所轄労働基準監督署長）の許可が必要。

○休憩時間に関しては、**労基法第34条**に規定があり、労働時間が6時間を超える場合においては少なくとも45分、8時間を超える場合においては少なくとも1時間の休憩時間を労働時間の途中に与えなければならない。

○時間外労働の上限については、月45時間・年360時間を原則とし、臨時的な特別な事情がある場合でも、年720時間、単月100時間未満（休日労働を含む）、複数月平均80時間（休日労働を含む）を上限と、罰則付きで、設定されている。また、一定日数の年次有給休暇の確実な取得についても定められている（**労基法第39条**）。

○法定労働時間を超えて労働させる際には、**労基法第32条の２から同法第32条５**や**同法第36条**の協定を結ぶ必要があるが、これらの協定を結んでいても、妊産婦の保護という観点から、妊産婦が請求した場合には法定労働時間を超えて労働させることはできない（**同法第66条第１項**）。

○妊産婦であっても、監督若しくは管理の地位の者又は機密の事務を取り扱う者は、労働時間等に関する規定の適用除外がかかっているため、労働させることができる（**労基法第41条第２号**）。

○１か月単位の変形労働時間制などにおいて使用者は、育児を行う者、老人等の介護を行う者、職業訓練又は教育を受ける者その他特別の配慮を要する者については、これらの者が育児等に必要な時間を確保できるような配慮をしなければならない（**労基則第12条の６**）。

○１か月単位の変形労働時間制においては、協定又は就業規則その他これに準ずるものが必要となる。なお、いずれの協定も行政官庁（所轄労働基準監督署長）へ届け出る必要がある（**労基法第32条の２第２項**）。

フレックスタイム（**労基法第32条の３**）

・清算期間（その期間を平均し１週間当たりの労働時間が40時間を超えない範囲内において労働させる期間）は、３か月以内となっている（**同法第32条の３第１項第２号**）。

・完全週休二日制（週５日労働）の場合、労使協定に定めのある場合には、所定労働日数に８時間を乗じた時間数を清算期間における法定労働時間の総枠とする（**同法第32条の３第３項**）。

・清算期間が１か月を超える場合、

　・１か月ごとに区分した各期間ごとに、１週間当たりの労働時間は50時間を超えないものとする（**同法第32条の３第２項**）。

　・労使協定に有効期間の定めをする（**同法第32条の３第１項第４号、労基則第12条の３第１項第４号**）。

　・清算期間が１か月を超える場合には当該労使協定を所轄労働基準監督署長に届け出る（**同法第32条の３第４項**）。

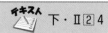
問4 週所定労働時間が25時間、週所定労働日数が4日である労働者であって、雇入れの日から起算して5年6か月継続勤務したものに対して、その後1年間に新たに与えなければならない年次有給休暇日数として、法令上、正しいものは次のうちどれか。

ただし、その労働者はその直前の1年間に全労働日の8割以上出勤したものとする。

(1) 12日

(2) 13日

(3) 14日

(4) 15日

(5) 16日

【R5年10月／問10】

解説

週の所定労働時間が30時間未満の者の有給休暇の付与日数は次表のとおりである。なお、所定労働時間が週30時間以上の者は、一般労働者と同様である。労基法第39条第3項、労規則第24条の3第3項。

週所定労働日数	1年間の所定労働日数	雇入れの日から起算した継続勤務期間						
		6か月	1年6か月	2年6か月	3年6か月	4年6か月	5年6か月	6年6か月以上
4日	169日から216日まで	7日	8日	9日	10日	12日	13日	15日
3日	121日から168日まで	5日	6日	6日	8日	9日	10日	11日
2日	73日から120日まで	3日	4日	4日	5日	6日	6日	7日
1日	48日から72日まで	1日	2日	2日	2日	3日	3日	3日

よって、解答は(2)である。

解答 (2)

問5 　週所定労働時間が25時間、週所定労働日数が４日である労働者であって、雇入れの日から起算して４年６か月継続勤務したものに対して、その後１年間に新たに与えなければならない年次有給休暇日数として、法令上、正しいものは次のうちどれか。

　ただし、その労働者はその直前の１年間に全労働日の８割以上出勤したものとする。

(1)　9日

(2)　10日

(3)　11日

(4)　12日

(5)　13日

【R5年4月／問10】

解説

　週の所定労働時間が30時間未満の者の有給休暇の付与日数は次表のとおりである。なお、所定労働時間が週30時間以上の者は、一般労働者と同様である。労基法第39条第３項、労規則第24条の３第３項。

週所定労働日数	１年間の所定労働日数	雇入れの日から起算した継続勤務期間						
		6か月	1年6か月	2年6か月	3年6か月	4年6か月	5年6か月	6年6か月以上
4日	169日から216日まで	7日	8日	9日	10日	<u>12日</u>	13日	15日
3日	121日から168日まで	5日	6日	6日	8日	9日	10日	11日
2日	73日から120日まで	3日	4日	4日	5日	6日	6日	7日
1日	48日から72日まで	1日	2日	2日	2日	3日	3日	3日

よって、解答は(4)である。

解答　(4)

問 6

□□　週所定労働時間が25時間、週所定労働日数が 4 日である労働者であって、雇入れの日から起算して 3 年 6 か月継続勤務したものに対して、その後 1 年間に新たに与えなければならない年次有給休暇日数として、法令上、正しいものは次のうちどれか。

　　ただし、その労働者はその直前の 1 年間に全労働日の 8 割以上出勤したものとする。

(1)　8 日

(2)　10日

(3)　12日

(4)　14日

(5)　16日

【R4年10月／問10、R4年 4 月／問 9 】

※ R3年10月／問10は類似問題

解説

　週の所定労働時間が30時間未満の者の有給休暇の付与日数は次表のとおりである。なお、所定労働時間が週30時間以上の者は、一般労働者と同様である。労基法第39条第 3 項、労規則第24条の 3 第 3 項。

週所定労働日数	1 年間の所定労働日数	雇入れの日から起算した継続勤務期間						
		6 か月	1 年6 か月	2 年6 か月	3 年6 か月	4 年6 か月	5 年6 か月	6 年6 か月以上
4 日	169 日から216日まで	7 日	8 日	9 日	10日	12日	13日	15日
3 日	121 日から168日まで	5 日	6 日	6 日	8 日	9 日	10日	11日
2 日	73日から120日まで	3 日	4 日	4 日	5 日	6 日	6 日	7 日
1 日	48日から72日まで	1 日	2 日	2 日	2 日	3 日	3 日	3 日

よって、解答は(2)である。

解答　(2)

参考問題 週所定労働時間が32時間で、週所定労働日数が４日である労働者であって、雇入れの日から起算して３年６か月継続勤務した労働者に対して、その後１年間に新たに与えなければならない年次有給休暇日数として、法令上、正しいものは(1)～(5)のうちどれか。

ただし、その労働者はその直前の１年間に全労働日の８割以上出勤したものとする。

(1)　10日

(2)　11日

(3)　12日

(4)　13日

(5)　14日

【H29年４月／問９】

解説

年次有給休暇の付与日数は、次表のとおりである（週所定労働時間が30時間以上であるため。労基法第39条第１項、第２項、第３項、労基則第24条の３第１項）。

継続勤務期間	６か月	１年６か月	２年６か月	３年６か月	４年６か月	５年６か月	６年６か月以上
付与日数(日)	10	11	12	14	16	18	20

よって、解答は(5)である。

解答　(5)

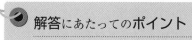

解答にあたってのポイント

○年次有給休暇に関する労働法の規定（抜粋）

・年次有給休暇は、雇入れの日から起算して6か月間継続勤務し全労働日の8割以上出勤した一般労働者に対して、継続し、又は分割した10労働日の有給休暇を与えなければならない（**労基法第39条第1項**）。

・一般労働者の年次有給休暇の付与日数は、次表のとおりである（**労基法第39条第1項、第2項**）。

継続勤務期間	6か月	1年6か月	2年6か月	3年6か月	4年6か月	5年6か月	6年6か月以上
付与日数（日）	10	11	12	14	16	18	20

・週所定労働時間が30時間未満の者の年次有給休暇については、週所定労働日数及び雇入れ日からの継続勤務期間に応じて付与日数が定められている（**労基法第39条第3項、労基則第24条の3第3項**）。

・使用者は、有給休暇を労働者の請求する時季に与えなければならないが、請求された時季に有給休暇を与えることが事業の正常な運営を妨げる場合においては、他の時季にこれを与えることができる（**労基法第39条第5項**）。

・使用者は、労働者の過半数を代表する者との書面による協定により、有給休暇を与える時季に関する定めをしたときは、これらの規定による有給休暇の日数のうち5日を超える部分については、その定めにより有給休暇を与えることができる（**労基法第39条第6項**）。

・年次有給休暇の取得期間に対する賃金の支払いについては、①平均賃金、②通常の賃金、③標準報酬日額（健康保険法。労使協定で定めた場合）の3方式がある（**労基法第39条第9項、労基則第25条**）。

・出勤した日数の８割の計算にあたっては、業務上の傷病での休業期間、育児休業期間、介護休業期間、産前産後の女性の休業期間は、出勤したものとみなす（**労基法第39条10項**）。

・年次有給休暇の権利は、２年間行使しなければ時効により消滅する（**労基法第115条**）。

・労使協定により、時間単位で年次有給休暇を与える対象労働者の範囲、その日数（５日以内に限る。）等を定めた場合において、対象労働者が請求したときは、年次有給休暇の日数のうち当該協定で定める日数について時間単位で与えることができる（**労基法第39条第４項**）。

・使用者が労働者の希望を聴き、希望を踏まえて時季を指定することで、年５日は有給休暇を取得させる（付与日数が10労働日以上である場合）（**労基法第39条第７項、第８項**）。

問7　労働基準法に定める妊産婦等に関する次の記述のうち、法令上、誤っているものはどれか。

□□

ただし、常時使用する労働者数が10人以上の規模の事業場の場合とし、管理監督者等とは、「監督又は管理の地位にある者等、労働時間、休憩及び休日に関する規定の適用除外者」をいうものとする。

(1) 時間外・休日労働に関する協定を締結し、これを所轄労働基準監督署長に届け出ている場合であっても、妊産婦が請求した場合には、管理監督者等の場合を除き、時間外・休日労働をさせてはならない。

(2) フレックスタイム制を採用している場合であっても、妊産婦が請求した場合には、管理監督者等の場合を除き、1週40時間、1日8時間を超えて労働させてはならない。

(3) 妊産婦が請求した場合には、深夜業をさせてはならない。

(4) 妊娠中の女性が請求した場合においては、他の軽易な業務に転換させなければならない。

(5) 原則として、産後8週間を経過しない女性を就業させてはならない。

【R5年10月／問9】

解説

(1) 正しい。労基法第66条第2項の規定により、妊産婦が請求した場合には、労基法第36条第1項（時間外・休日労働に関する協定を締結）に基づく妊産婦の時間外労働は禁止されている。ただし、当該条文は労基法第41条第2号に規定される管理監督者には適用されない。

(2) 誤り。労基法第66条第1項の規定により妊産婦に禁止されている労働時間制度等は、第32条の2第1項（1か月単位の変形労働時間制）、第32条の4第1項（1年単位の変形労働時間制）、第32条の5第1項（1週間単位の変形労働時間制）であり、第32条の3第1項で規定されるフレックスタイム制度は規制されない。

(3) 正しい。労基法第66条第3項。

(4) 正しい。労基法第66条第3項。

(5) 正しい。産後8週間を経過しない女性を就業させてはならない。ただし、産後6週間を経過した女性が請求した場合において、その者について医師が支障がないと認めた業務に就かせることは、差し支えない。

解答 (2)

労働基準法に定める妊産婦等に関する次の記述のうち、法令上、誤っているものはどれか。

ただし、常時使用する労働者数が10人以上の規模の事業場の場合とし、管理監督者等とは、「監督又は管理の地位にある者等、労働時間、休憩及び休日に関する規定の適用除外者」をいうものとする。

(1) 時間外・休日労働に関する協定を締結し、これを所轄労働基準監督署長に届け出ている場合であっても、妊産婦が請求した場合には、管理監督者等の場合を除き、時間外・休日労働をさせてはならない。

(2) 1か月単位の変形労働時間制を採用している場合であっても、妊産婦が請求した場合には、管理監督者等の場合を除き、1週40時間、1日8時間を超えて労働させてはならない。

(3) 1年単位の変形労働時間制を採用している場合であっても、妊産婦が請求した場合には、管理監督者等の場合を除き、1週40時間、1日8時間を超えて労働させてはならない。

(4) 妊娠中の女性が請求した場合には、管理監督者等の場合を除き、他の軽易な業務に転換させなければならない。

(5) 生理日の就業が著しく困難な女性が休暇を請求したときは、その者を生理日に就業させてはならない。

【R4年10月／問9】

解説

(1) 正しい。労基法第66条第2項の規定により、妊産婦が請求した場合には、労基法第36条第1項（時間外・休日労働に関する協定を締結）に基づく妊産婦の時間外労働は禁止されている。ただし、当該条文は労基法第41条第2号に規定される管理監督者には適用されない。

(2) 正しい。労基法第66条第1項の規定により、妊産婦が請求した場合には労基法第32条の2第1項（1か月単位の変形労働時間制）に基づく1週40時間、1日8時間を超える変形労働時間制度は妊産婦では禁止されている。ただし、当該条文は労基法第41条第2号に規定される管理監督者には適用されない。

(3) 正しい。労基法第66条第1項の規定により、妊産婦が請求した場合には労基

法第32条の４第１項（１年単位の変形労働時間制）に基づく１週40時間、１日
８時間を超える変形労働時間制度は妊産婦では禁止されている。ただし、当該
条文は労基法第41条第２号に規定される管理監督者には適用されない。

(4)　誤り。労基法第65条第３項の規定により、妊娠中の女性が請求した場合には、
他の軽易な業務に転換させなければならない。労基法第41条第２号に規定され
る管理監督者は、「労働時間、休憩及び休日に関する規定」については適用除外
されるが、当該条文のような業務転換等については適用除外されない。

(5)　正しい。労基法第68条。

解答　(4)

問9 　労働基準法に定める妊産婦等に関する次の記述のうち、法令上、誤っているものはどれか。

　　　ただし、常時使用する労働者数が10人以上の規模の事業場の場合とし、管理監督者等とは、「監督又は管理の地位にある者等、労働時間、休憩及び休日に関する規定の適用除外者」をいうものとする。

(1)　妊産婦とは、妊娠中の女性及び産後1年を経過しない女性をいう。

(2)　妊娠中の女性が請求した場合においては、他の軽易な業務に転換させなければならない。

(3)　1年単位の変形労働時間制を採用している場合であっても、妊産婦が請求した場合には、管理監督者等の場合を除き、1週40時間、1日8時間を超えて労働させてはならない。

(4)　フレックスタイム制を採用している場合であっても、妊産婦が請求した場合には、管理監督者等の場合を除き、1週40時間、1日8時間を超えて労働させてはならない。

(5)　生理日の就業が著しく困難な女性が休暇を請求したときは、その者を生理日に就業させてはならない。

【R4年4月／問10】

解説

(1)　正しい。労基法第64条の3第1項。

(2)　正しい。労基法第65条第3項の規定により、妊娠中の女性が請求した場合には、他の軽易な業務に転換させなければならない。労基法第41条第2号に規定される管理監督者は、「労働時間、休憩及び休日に関する規定」については適用除外されるが、当該条文のような業務転換等については適用除外されない。

(3)　正しい。労基法第66条第1項の規定により、妊産婦が請求した場合には労基法第32条の4第1項（1年単位の変形労働時間制）に基づく1週40時間、1日8時間を超える変形労働時間制度は妊産婦では禁止されている。ただし、当該条文は労基法第41条第2号に規定される管理監督者には適用されない。

(4)　誤り。労基法第66条第1項の規定により妊産婦に禁止されている労働時間制度等は、第32条の2第1項（1か月単位の変形労働時間制）、第32条の4第1項

（1年単位の変形労働時間制）、第32条の5第1項（1週間単位の変形労働時間制）であり、第32条の3第1項で規定されるフレックスタイム制度は規制されない。

(5) 正しい。労基法第68条。

解答 (4)

問10 常時10人以上の労働者を使用する事業場において、労働基準法に基づく妊産婦に関する次の記述のうち、誤っているものはどれか。

　　ただし、労使協定とは、「労働者の過半数で組織する労働組合（その労働組合がない場合は労働者の過半数を代表する者）と使用者との書面による協定」をいい、また、管理監督者等とは、「監督又は管理の地位にある者等、労働時間、休憩及び休日に関する規定の適用除外者」をいうものとする。

(1) 時間外・休日労働に関する労使協定を締結し、これを所轄労働基準監督署長に届け出ている場合であって、妊産婦が請求した場合には、管理監督者等の場合を除き、時間外・休日労働をさせてはならない。

(2) １か月単位の変形労働時間制を採用している場合であって、妊産婦が請求した場合には、管理監督者等の場合を除き、１週40時間、１日８時間を超えて労働させてはならない。

(3) フレックスタイム制を採用している場合には、１週40時間、１日８時間を超えて労働させることができる。

(4) １年単位の変形労働時間制を採用している場合であって、妊産婦が請求した場合には、管理監督者等の場合を除き、１週40時間、１日８時間を超えて労働させてはならない。

(5) 妊産婦が請求した場合には、管理監督者等の場合を除き、深夜業をさせてはならない。

【R2年４月／問10】

解説

(1) 正しい。労基法第66条第２項、同法第36条第１項。

(2) 正しい。労基法第66条第１項、同法第32条の２第１項。

(3) 正しい。フレックスタイム制の規定には、同法第66条第１項の妊産婦保護に関するものがない。労基法第32条の３。

(4) 正しい。労基法第66条第１項、同法第32条の４第１項。

(5) 誤り。妊産婦が請求した場合には、深夜業をさせてはならず（労基法第66条第３項）、その者が管理監督者であっても同様である。同法第41条（労働時間に関する規定の適用除外）の中に深夜業は含まれていない。

解答 (5)

問11 労働基準法に定める妊産婦等に関する次の記述のうち、法令上、誤っているものはどれか。

ただし、労使協定とは、「労働者の過半数で組織する労働組合（その労働組合がない場合は労働者の過半数を代表する者）と使用者との書面による協定」をいい、また、管理監督者等とは、「監督又は管理の地位にある者等、労働時間、休憩及び休日に関する規定の適用除外者」をいう。

(1) 時間外・休日労働に関する労使協定を締結し、これを所轄労働基準監督署長に届け出ている場合であっても、妊産婦が請求した場合には、管理監督者等の場合を除き、時間外・休日労働をさせてはならない。

(2) 1か月単位の変形労働時間制を採用している場合であっても、妊産婦が請求した場合には、管理監督者等の場合を除き、1週40時間、1日8時間を超えて労働させてはならない。

(3) 1年単位の変形労働時間制を採用している場合であっても、妊産婦が請求した場合には、管理監督者等の場合を除き、1週40時間、1日8時間を超えて労働させてはならない。

(4) 妊産婦が請求した場合には、管理監督者等の場合を除き、深夜業をさせてはならない。

(5) 生理日の就業が著しく困難な女性が休暇を請求したときは、その者を生理日に就業させてはならない。

【R1年10月／問9】

解説

(1) 正しい。労基法第66条第2項、同法第36条第1項。

(2) 正しい。労基法第66条第1項、同法第32条の2第1項。

(3) 正しい。労基法第66条第1項、同法第32条の4第1項。

(4) 誤り。深夜業は働く時刻の問題であり、働く時間の長さを問題とする労働時間法制の対象と異なるため、労基法第41条による適用除外に該当しない。そのため、その者が管理監督者であっても、妊産婦が請求した場合には深夜業をさせてはならない。労基法第66条第3項。

(5) 正しい。労基法第68条。

解答 (4)

問12 労働基準法に定める妊産婦に関する次の記述のうち、法令上、誤っているものはどれか。

□□ ただし、労使協定とは、「労働者の過半数で組織する労働組合（その労働組合がない場合は労働者の過半数を代表する者）と使用者との書面による協定」をいい、また、管理監督者等とは、「監督又は管理の地位にある者等、労働時間、休憩及び休日に関する規定の適用除外者」をいう。

(1) 時間外・休日労働に関する労使協定を締結し、これを所轄労働基準監督署長に届け出ている場合であっても、妊産婦が請求した場合には、管理監督者等の場合を除き、時間外・休日労働をさせてはならない。

(2) 1か月単位の変形労働時間制を採用している場合であっても、妊産婦が請求した場合には、管理監督者等の場合を除き、1週40時間及び1日8時間を超えて労働させてはならない。

(3) 1年単位の変形労働時間制を採用している場合であっても、妊産婦が請求した場合には、管理監督者等の場合を除き、1週40時間及び1日8時間を超えて労働させてはならない。

(4) フレックスタイム制を採用している場合であっても、妊産婦が請求した場合には、管理監督者等の場合を除き、フレックスタイム制による労働をさせてはならない。

(5) 妊産婦が請求した場合には、管理監督者等の場合であっても、深夜業をさせてはならない。

【H31年4月／問9】

解説

(1) 正しい。労基法第66条第2項、同法第36条第1項。

(2) 正しい。労基法第66条第1項、同法第32条の2第1項。

(3) 正しい。労基法第66条第1項、同法第32条の4第1項。

(4) 誤り。労基法第66条第1項に、同法第32条の3のフレックスタイム制は規定されていないので、妊産婦であっても、フレックスタイム制による労働をさせることができる。

(5) 正しい。労基法第66条第3項。

解答 (4)

解答にあたっての**ポイント**

○**労基法第66条第１項**により妊産婦が請求した場合には、１箇月単位、１年単位及び１週間単位の変形労働時間制等を採用していても、法定労働時間を超えて労働させてはならない。

注１：フレックスタイム制（**労基法第32条の３**）は、**同法第66条第１項**の妊産婦保護の条文に含まれていない。

注２：監督又は管理の地位にある者は**労基法第66条第１項**が適用されない（**同法第41条第２号**）。

問13
　　労働基準法に定める育児時間に関する次の記述のうち、誤っているもの
□□　はどれか。

(1)　生後満１年を超え、満２年に達しない生児を育てる女性労働者は、育児時間
　　を請求することができる。

(2)　育児時間は、必ずしも有給としなくてもよい。

(3)　育児時間は、１日２回、１回当たり少なくとも30分の時間を請求することが
　　できる。

(4)　育児時間を請求しない女性労働者に対しては、育児時間を与えなくてもよい。

(5)　育児時間は、育児時間を請求できる女性労働者が請求する時間に与えなけれ
　　ばならない。

【R3年４月／問10】

※ R2年４月／問９、H31年４月／問10は類似問題

解 説

(1)　誤り。育児時間を請求できるのは生後満１年に達しない生児を育てる女性で
　　ある。労基法第67条第１項。

(2)　正しい。育児時間に対して賃金を支払う必要があるとする規定はない。労基
　　法第67条。

(3)　正しい。労基法第67条第１項。

(4)　正しい。育児時間は請求できる権利である。労基法第67条第１項。

(5)　正しい。労基法第67条。

解答　(1)

問14　労働基準法に定める育児時間に関する次の記述のうち、誤っているもの
□□　はどれか。

(1) 生後満１年を超え、満２年に達しない生児を育てる女性労働者は、育児時間
を請求することができる。

(2) 育児時間は、必ずしも有給としなくてもよい。

(3) 育児時間は、１日２回、１回当たり少なくとも30分の時間を請求することが
できる。

(4) 育児時間を請求しない女性労働者に対しては、育児時間を与えなくてもよい。

(5) 育児時間中は、育児時間を請求した女性労働者を使用してはならない。

【R2年10月／問10】

解説

(1) 誤り。育児時間を請求できるのは生後満１年に達しない生児を育てる女性で
ある。労基法第67条第１項。

(2) 正しい。育児時間に対して賃金を支払う必要があるとする規定はない。労基
法第67条。

(3) 正しい。労基法第67条第１項。

(4) 正しい。育児時間は請求できる権利である。労基法第67条第１項。

(5) 正しい。労基法第67条第２項。

解答　(1)

問15 労働基準法に定める育児時間に関する次の記述のうち、誤っているもの
□□ はどれか。

(1) 生後満2年に達しない生児を育てる女性労働者は、育児時間を請求すること
ができる。

(2) 育児時間は、休憩時間とは別の時間として請求することができる。

(3) 育児時間は、原則として、1日2回、1回当たり少なくとも30分の時間を請
求することができる。

(4) 育児時間を請求しない女性労働者に対しては、育児時間を与えなくてもよい。

(5) 育児時間は、育児時間を請求することができる女性労働者が請求する時間に
与えなければならない。

【R1年10月／問10】

解 説

(1) 誤り。育児時間を請求できるのは生後満1年に達しない生児を育てる女性で
ある。労基法第67条第1項。

(2) 正しい。労基法第67条第1項。

(3) 正しい。労基法第67条第1項。

(4) 正しい。育児時間は請求できる権利である。労基法第67条第1項。

(5) 正しい。労基法第67条。

解答 (1)

136

● 解答にあたっての**ポイント**

＜産前産後の休業期間＞

　産前産後の休業期間については、**労基法第65条**のとおりであるが、その期間についての穴埋め問題が出題されることが多いので、6週間、14週間、8週間及び6週間という期間をセットで覚える必要がある。

＜育児時間＞

・生後満1年に達しない生児を育てる女性は、休憩時間のほか、1日2回まで各々少なくとも30分、その生児を育てるための時間を請求することができる（**労基法第67条第1項**）。

・使用者は、育児時間中はその女性労働者を使用してはならない（**労基法第67条第2項**）。

＜解雇に関する事項の規定（抜粋）＞

○解雇制限

　使用者は、労働者が業務上負傷し、又は疾病にかかり療養のために休業する期間並びに産前産後の女性が休業する期間（**労基法第65条**）及びその後30日間は、解雇してはならない（**同法第19条第1項**）。

○解雇の予告

　使用者は、労働者を解雇しようとする場合においては、少なくとも30日前にその予告をしなければならない。30日前に予告をしない使用者は、30日分以上の平均賃金を支払わなければならない（**労基法第20条第1項**）。

　前項の予告の日数は、1日について平均賃金を支払った場合においては、その日数を短縮することができる（**同法第20条第2項**）。

○解雇予告の特例

　試みの使用期間中の者等については、解雇の予告を要しない。しかし、試用期間の者が14日を超えて引き続き使用されるに至った場合においては、この限りではない（**労基法第21条**）。

Ⅱ 労働衛生

1　温熱条件

 上・第3章2(1)、第4章4(1)

問1　温熱条件に関する次の記述のうち、誤っているものはどれか。
☐☐

(1)　温度感覚を左右する環境条件は、気温、湿度及びふく射（放射）熱の三つの要素で決まる。

(2)　実効温度は、人の温熱感に基礎を置いた指標で、気温、湿度及び気流の総合効果を温度目盛りで表したものである。

(3)　相対湿度は、乾球温度と湿球温度によって求められる。

(4)　WBGT基準値は、身体に対する負荷が大きな作業の方が、負荷が小さな作業より小さな値となる。

(5)　WBGT値がその基準値を超えるおそれのあるときには、冷房などによりWBGT値を低減すること、代謝率レベルの低い作業に変更することなどの対策が必要である。

【R5年10月／問11】

解説

(1)　誤り。温度感覚を左右する環境要素は、気温、湿度、気流及びふく射（放射）熱である。

(2)　正しい。

(3)　正しい。

(4)　正しい。

(5)　正しい。

解答　(1)

問2 温熱条件に関する次の記述のうち、誤っているものはどれか。

□□

(1) 温度感覚を左右する環境条件は、気温、湿度及びふく射(放射)熱の三つの要素で決まる。

(2) 熱中症はⅠ度からⅢ度までに分類され、このうちⅢ度が最も重症である。

(3) WBGTは、暑熱環境による熱ストレスの評価に用いられる指標で、日射がない場合は、自然湿球温度と黒球温度の測定値から算出される。

(4) WBGT基準値は、暑熱順化者に用いる値の方が、暑熱非順化者に用いる値より大きな値となる。

(5) 相対湿度とは、空気中の水蒸気圧とその温度における飽和水蒸気圧との比を百分率で示したものである。

【R5年4月／問12】

解説

(1) 誤り。温度感覚を左右する環境要素は、気温、湿度、気流及びふく射(放射)熱である。

(2) 正しい。

(3) 正しい。

(4) 正しい。

(5) 正しい。

解答 (1)

問3　温熱条件に関する次の記述のうち、誤っているものはどれか。
□□

(1) WBGT は、日射がない場合は、自然湿球温度と黒球温度の測定値から算出される。

(2) 熱中症はⅠ度からⅢ度までに分類され、このうちⅢ度が最も重症である。

(3) WBGT 基準値は、健康な作業者を基準に、ばく露されてもほとんどの者が有害な影響を受けないレベルに相当するものとして設定されている。

(4) WBGT 基準値は、身体に対する負荷が大きな作業の方が、負荷が小さな作業より小さな値となる。

(5) 温度感覚を左右する環境条件は、気温、湿度及びふく射（放射）熱の三つの要素で決まる。

【R4年 4 月／問12】

Ⅱ労働衛生

解説

(1) 正しい。

(2) 正しい。

(3) 正しい。

(4) 正しい。

(5) 誤り。温度感覚を左右する環境要素は、気温、湿度、気流及びふく射（放射）熱である。

解答　(5)

問4 温熱条件に関する次の記述のうち、誤っているものはどれか。

(1) 温度感覚を左右する環境要素は、気温、湿度及び気流であり、この三要素によって温熱環境が定まる。

(2) 気温、湿度及び気流の総合効果を実験的に求め、温度目盛で表したものが実効温度である。

(3) WBGTは、暑熱環境による熱ストレスの評価に用いられる指標で、屋内では自然湿球温度と黒球温度の測定値から算出される。

(4) WBGT基準値は、熱に順化している人に用いる値の方が、熱に順化していない人に用いる値より大きな値となる。

(5) 相対湿度とは、空気中の水蒸気分圧とその温度における飽和水蒸気圧との比を百分率で示したものである。

【R3年10月／問12】

解説

(1) 誤り。温度感覚を左右する環境要素は、気温、湿度、気流及びふく射（放射）熱である。

(2) 正しい。

(3) 正しい。※なお、厚生労働省「職場における熱中症予防基本対策要綱」（令和3年4月）では、これにより廃止された「職場における熱中症の予防について」（平成21年6月）で、「屋外で太陽照射がある場合」とされていたのを「日射がある場合」と、「屋内の場合及び屋外で太陽照射のない場合」とされていたのを「日射がない場合」と変更されている。

(4) 正しい。

(5) 正しい。

解答 (1)

問5　　温熱条件に関する次の記述のうち、誤っているものはどれか。

□□

(1)　温度感覚を左右する環境条件は、気温、湿度、気流及びふく射（放射）熱の四つの要素によって決まる。

(2)　実効温度は、人の温熱感に基礎を置いた指標で、気温、湿度及び気流の総合効果を温度目盛りで表したものである。

(3)　相対湿度は、乾球温度と湿球温度によって求められる。

(4)　太陽照射がない場合のWBGTは、乾球温度と黒球温度から求められる。

(5)　WBGT値がその基準値を超えるおそれのあるときには、冷房などによりWBGT値を低減すること、代謝率レベルの低い作業に変更することなどの対策が必要である。

【R3年4月／問12】

解説

(1)　正しい

(2)　正しい。

(3)　正しい。

(4)　誤り。日射（太陽照射）がない場合のWBGTは、自然湿球温度と黒球温度から求められる。※なお、厚生労働省「職場における熱中症予防基本対策要綱」（令和3年4月）では、これにより廃止された「職場における熱中症の予防について」（平成21年6月）で、「屋外で太陽照射がある場合」とされていたのを「日射がある場合」と、「屋内の場合及び屋外で太陽照射のない場合」とされていたのを「日射がない場合」と変更されている。

(5)　正しい。

解答　(4)

II 労働衛生

　　暑熱環境の程度を示す WBGT に関する次の記述のうち、誤っているものはどれか。

(1)　WBGT は、気温、湿度及び気流の三つの要素から暑熱環境の程度を示す指標として用いられ、その単位は気温と同じ℃で表される。

(2)　日射がある場合の WBGT 値は、自然湿球温度、黒球温度及び気温（乾球温度）の値から算出される。

(3)　WBGT には、基準値が定められており、WBGT 値が WBGT 基準値を超えている場合は、熱中症にかかるリスクが高まっていると判断される。

(4)　WBGT 基準値は、身体に対する負荷が大きな作業の方が、負荷が小さな作業より小さな値となる。

(5)　WBGT 基準値は、暑熱順化者に用いる値の方が、暑熱非順化者に用いる値より大きな値となる。

【R4年10月／問13】

解 説

(1)　誤り。WBGT（湿球黒球温度）は、高温環境における評価指標で、気温、湿度、気流、ふく射（放射）熱を考慮して総合したものとなっている。

(2)　正しい。

(3)　正しい。

(4)　正しい。

(5)　正しい。

解答　(1)

問7　暑熱環境の程度を示す WBGT に関する次の記述のうち、誤っているものはどれか。

(1)　WBGT は、気温、湿度及び気流の三つの要素から暑熱環境の程度を示す指標として用いられ、その単位は気温と同じ℃で表される。

(2)　WBGT には、基準値が定められており、WBGT 値が WBGT 基準値を超えている場合は、熱中症にかかるリスクが高まっていると判断される。

(3)　屋内の場合及び屋外で太陽照射のない場合は、WBGT 値は自然湿球温度及び黒球温度の値から算出される。

(4)　WBGT 基準値は、身体に対する負荷が大きな作業の方が、負荷が小さな作業より小さな値となる。

(5)　WBGT 基準値は、熱に順化している人に用いる値の方が、熱に順化していない人に用いる値より大きな値となる。

【R2年10月／問12】

解説

(1)　誤り。WBGT（湿球黒球温度）は、高温環境における評価指標で、気温、湿度、気流、ふく射（放射）熱を考慮して総合したものとなっている。

(2)　正しい。

(3)　正しい。屋外で太陽照射がある場合は、自然湿球温度及び黒球温度に加え、乾球温度の値から算出される。※なお、厚生労働省「職場における熱中症予防基本対策要綱」（令和3年4月）では、これにより廃止された「職場における熱中症の予防について」（平成21年6月）で、「屋外で太陽照射がある場合」とされていたのを「日射がある場合」と、「屋内の場合及び屋外で太陽照射のない場合」とされていたのを「日射がない場合」と変更されている。

(4)　正しい。

(5)　正しい。

解答　(1)

問8
□□
WBGT（湿球黒球温度）に関する次の文中の□□内に入れるAからC
の語句の組合せとして、正しいものは(1)～(5)のうちどれか。

「WBGT は、労働環境において作業者が受ける暑熱環境による熱ストレ
スの評価を行う簡便な指標で、その値は次の式により算出される。

屋外で太陽照射のある場合：

WBGT ＝0.7×□A□＋0.2×□B□＋0.1×□C□

屋内の場合又は屋外で太陽照射のない場合：

WBGT ＝0.7×□A□＋0.3×□B□」

	A	B	C
(1)	自然湿球温度	黒球温度	乾球温度
(2)	自然湿球温度	乾球温度	黒球温度
(3)	乾球温度	黒球温度	自然湿球温度
(4)	乾球温度	自然湿球温度	黒球温度
(5)	黒球温度	自然湿球温度	乾球温度

【R2年4月／問13】

解 説

WBGT は次の式で算出される。

屋外で太陽照射のある場合：

WBGT ＝0.7×自然湿球温度＋0.2×黒球温度＋0.1×乾球温度

屋内の場合又は屋外で太陽照射のない場合：

WBGT ＝0.7×自然湿球温度＋0.3×黒球温度

よって、解答は(1)である。

※なお、厚生労働省「職場における熱中症予防基本対策要綱」（令和3年4月）
では、これにより廃止された「職場における熱中症の予防について」（平成21年
6月）で、「屋外で太陽照射がある場合」とされていたのを「日射がある場合」
と、「屋内の場合及び屋外で太陽照射のない場合」とされていたのを「日射がな
い場合」と変更されている。

解答 (1)

問9　　WBGT（湿球黒球温度）は、作業者が受ける暑熱環境による熱ストレスの評価を行うための指標として有用であるが、次のAからDの温熱要素の測定値について、屋外で太陽照射がない場合のWBGTを算出するために必要なものの組合せは(1)～(5)のうちどれか。

　　A　乾球温度
　　B　自然湿球温度
　　C　黒球温度
　　D　風速

(1)　A，B
(2)　A，C
(3)　B，C
(4)　B，D
(5)　C，D

【R1年10月／問12】
※ H31年4月／問12は類似問題

解　説

WBGTは次の式で算出される。

　屋外で太陽照射のある場合：

　　　WBGT ＝0.7×自然湿球温度＋0.2×黒球温度＋0.1×乾球温度

　屋内の場合又は屋外で太陽照射のない場合：

　　　WBGT ＝0.7×自然湿球温度＋0.3×黒球温度

よって、解答は(3)である。

※なお、厚生労働省「職場における熱中症予防基本対策要綱」（令和3年4月）では、これにより廃止された「職場における熱中症の予防について」（平成21年6月）で、「屋外で太陽照射がある場合」とされていたのを「日射がある場合」と、「屋内の場合及び屋外で太陽照射のない場合」とされていたのを「日射がない場合」と変更されている。

解答　(3)

解答にあたってのポイント

・温熱環境は、気温、湿度、気流及びふく射（放射）熱の４つの要素によって決定することや、健康障害を発生させる条件、職場の温熱環境を評価する指標（実効温度、至適温度、WBGT、相対湿度など）の決定要素について、理解しておく。

・温熱環境の**至適温度**とは、暑からず寒からずの温度感覚を実効温度（感覚温度）で示したもので、作業強度が強かったり、作業時間が長いと至適温度は低くなる。また、季節、被服、飲食物、年齢、性別、民族などで異なる。

・温熱環境の**実効温度**とは、至適温度を管理する際に用いられ、気温、湿度、気流の総合効果を温度目盛で表したものである。

・**WBGT（湿球黒球温度）**は、暑熱環境における熱ストレスの評価を行う簡便な指標で、次の式で算出される。係数等を記憶しておく。

日射がある場合：

WBGT 値＝0.7×自然湿球温度＋0.2×黒球温度＋0.1×気温（乾球温度）

日射がない場合：

WBGT 値＝0.7×自然湿球温度＋0.3×黒球温度

2　採光、照明等

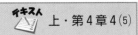

問10　照明などの視環境に関する次の記述のうち、誤っているものはどれか。
□□

(1) 前方から明かりを取るときは、眼と光源を結ぶ線と視線とで作る角度を40°程度としている。

(2) 照明設備については、6か月以内ごとに1回、定期に点検し、汚れなどがあれば清掃又は交換を行っている。

(3) 全般照明と局部照明を併用する場合、全般照明による照度は、局部照明による照度の5分の1程度にしている。

(4) 照度の単位はルクスで、1ルクスは光度1カンデラの光源から10m離れた所で、その光の光軸に垂直な1 m²の面が受ける明るさに相当する。

(5) 室内の彩色で、明度を高くすると光の反射率が高くなり照度を上げる効果があるが、彩度を高くしすぎると交感神経の緊張により疲労を招きやすい。

【R3年4月／問13】

解説

(1) 正しい。眼と光源を結ぶ線と視線とで作る角度は、概ね30°以上になるようにする。

(2) 正しい。

(3) 正しい。全般照明による照度は、局部照明による照度の10分の1以上になるようにする。

(4) 誤り。1ルクスは光度1カンデラの光源から1 m離れた所で、その光に直角な面が受ける明るさに相当する。

(5) 正しい。

解答　(4)

II 労働衛生

問11　照明などの視環境に関する次の記述のうち、誤っているものはどれか。
□□

(1)　前方から明かりを取るときは、眼と光源を結ぶ線と視線とで作る角度が、40°程度になるようにしている。

(2)　あらゆる方向から同程度の明るさの光がくると、見るものに影ができなくなり、立体感がなくなってしまうことがある。

(3)　全般照明と局部照明を併用する場合、全般照明による照度は、局部照明による照度の5分の1程度になるようにしている。

(4)　照度の単位はルクスで、1ルクスは光度1カンデラの光源から10m離れた所で、その光に直角な面が受ける明るさに相当する。

(5)　室内の彩色で、明度を高くすると光の反射率が高くなり照度を上げる効果があるが、彩度を高くしすぎると交感神経の緊張を招きやすく、長時間にわたる場合は疲労を招きやすい。

【R2年10月／問13】

解　説

(1)　正しい。眼と光源を結ぶ線と視線とで作る角度は、概ね30°以上になるようにする。

(2)　正しい。

(3)　正しい。全般照明による照度は、局部照明による照度の10分の1以上になるようにする。

(4)　誤り。1ルクスは光度1カンデラの光源から1m離れた所で、その光に直角な面が受ける明るさに相当する。

(5)　正しい。

解答　(4)

問12　照明などの視環境に関する次の記述のうち、誤っているものはどれか。
☐☐

(1)　前方から明かりを取るときは、眼と光源を結ぶ線と視線とで作る角度が、40°程度になるようにしている。

(2)　部屋の彩色に当たっては、目の高さから下の壁などは、まぶしさを防ぐため濁色にするとよい。

(3)　全般照明と局部照明を併用する場合、全般照明による照度は、局部照明による照度の10分の1以上になるようにしている。

(4)　照度の単位はルクスで、1ルクスは光度1カンデラの光源から10m離れた所で、その光の光軸に垂直な面が受ける明るさに相当する。

(5)　室内の彩色で、明度を高くすると光の反射率が高くなり照度を上げる効果があるが、彩度を高くしすぎると交感神経の緊張を招きやすい。

【R1年10月／問13】

解説

(1)　正しい。
(2)　正しい。
(3)　正しい。
(4)　誤り。1ルクスは光度1カンデラの光源から1m離れた所で、その光の光軸に垂直な面が受ける明るさに相当する。
(5)　正しい。

解答　(4)

問13 照明、採光などに関する次の記述のうち、誤っているものはどれか。
□□

(1) 1ルクス（lx）は、1カンデラ（cd）の光源から、1m離れた所において、光軸に垂直な面が受ける明るさをいう。

(2) 部屋の彩色として、目の高さ以下は、まぶしさを防ぎ安定感を出すために濁色とし、目より上方の壁や天井は、明るい色を用いるとよい。

(3) 全般照明と局部照明を併用する場合、全般照明による照度は、局部照明による照度の5分の1程度としている。

(4) 前方から明かりを取るときは、まぶしさをなくすため、眼と光源を結ぶ線と視線とがなす角度が、40°以上になるように光源の位置を決めている。

(5) 照明設備は、1年以内ごとに1回、定期に点検し、異常があれば電球の交換などを行っている。

【R4年10月／問12】

※ R2年4月／問12は類似問題

解説

(1) 正しい。

(2) 正しい。

(3) 正しい。全般照明による照度は、局部照明による照度の10分の1以上になるようにする。

(4) 正しい。眼と光源を結ぶ線と視線とで作る角度は、概ね30°以上になるようにする。

(5) 誤り。照明設備は、6月以内ごとに1回、定期に点検を行うことが定められている。（事務所則第10条第3項）

解答 (5)

問14 照明、採光などに関する次の記述のうち、誤っているものはどれか。

☐☐

(1) 北向きの窓では、直射日光はほとんど入らないが一年中平均した明るさが得られる。

(2) 全般照明と局部照明を併用する場合、全般照明による照度は、局部照明による照度の5分の1程度としている。

(3) 前方から明かりを取るときは、まぶしさをなくすため、眼と光源を結ぶ線と視線とがなす角度が、40°以上になるように光源の位置を決めている。

(4) 照明設備は、1年以内ごとに1回、定期に点検し、異常があれば電球の交換などを行っている。

(5) 部屋の彩色として、目の高さ以下は、まぶしさを防ぎ安定感を出すために濁色とし、目より上方の壁や天井は、明るい色を用いるとよい。

【R4年4月／問13】

※ R3年10月／問13は類似問題

解説

(1) 正しい。

(2) 正しい。全般照明による照度は、局部照明による照度の10分の1以上になるようにする必要がある。「5分の1程度」は10分の1以上であるので、正しい。

(3) 正しい。視野内に光源があると過度のまぶしさ（グレア）が生じ、不快感や疲労を生じるため、光源が視野に入らないように、目と光源を結ぶ線と視線とが作る角度は30°以上とする必要がある。「40°以上」は30°以上であるので、正しい。

(4) 誤り。照明設備は、6月以内ごとに1回、定期に点検を行うことが規定されている。（事務所則第10条第3項）

(5) 正しい。

解答 (4)

解答にあたってのポイント

・作業場の採光、照明、彩色などは快適性や作業能率に大きな影響を与える。照度、まぶしさ(グレア)、彩色、彩度、照明方法について、理解しておく。

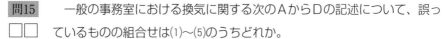

3 事務室における換気等

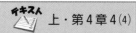 上・第4章4(4)

問15 一般の事務室における換気に関する次のAからDの記述について、誤っているものの組合せは(1)〜(5)のうちどれか。

　　A　人間の呼気の成分の中で、酸素の濃度は約16%、二酸化炭素の濃度は約4%である。

　　B　新鮮な外気中の酸素濃度は約21%、二酸化炭素濃度は0.3〜0.4%程度である。

　　C　室内の必要換気量（m³/h）は、次の式により算出される。

$$\frac{\text{室内にいる人が1時間に呼出する二酸化炭素量（m³/h）}}{\text{室内二酸化炭素基準濃度（%）－外気の二酸化炭素濃度（%）}} \times 100$$

　　D　必要換気量の算出に当たって、室内二酸化炭素基準濃度は、通常、1%とする。

(1)　A，B

(2)　A，C

(3)　B，C

(4)　B，D

(5)　C，D

【R5年10月／問12、R4年4月・R3年10月／問11】

解説

　必要換気量（m³/h）は室内の二酸化炭素の基準濃度を普通0.1%（1,000ppm）、外気の二酸化炭素濃度を0.03〜0.04%（300〜400ppm）として算出する。

　AとCは正しい。

　よって、BとDが誤りなので解答は(4)である。

　なお、ppm単位の場合、「×1,000,000」する。

解答　(4)

問16 室内に11人の人が入っている事務室において、二酸化炭素濃度を
□□ 1,000ppm 以下に保つために最小限必要な換気量（m³/h）に最も近いもの
は次のうちどれか。

ただし、外気の二酸化炭素濃度を400ppm、室内にいる人の1人当たり
の呼出二酸化炭素量を0.02m³/hとする。

(1)　19 m³/h

(2)　37 m³/h

(3)　190 m³/h

(4)　370 m³/h

(5)　740 m³/h

解説

事務室における必要換気量は以下の式より求める。

$$必要換気量（m³/h）= \frac{在室者全員が呼出する二酸化炭素量（m³/h）}{室内二酸化炭素基準濃度（ppm）-外気の二酸化炭素濃度（ppm）}$$

$$\times 1,000,000$$

$$= \frac{0.02 \times 11}{1,000-400} \times 1,000,000 = 366.7$$

よって、解答は(4)である。

二酸化炭素の濃度の単位が「ppm」の場合、計算の最後に100万倍することに注
意する。

解答 (4)

問17 事務室内において、空気を外気と入れ換えて二酸化炭素濃度を
□□ 1,000ppm 以下に保った状態で、在室することのできる最大の人数は次の
うちどれか。

　　　ただし、外気の二酸化炭素濃度を400ppm、外気と入れ換える空気量を
600m^3/h、1人当たりの呼出二酸化炭素量を0.016m^3/h とする。

(1)　10人

(2)　14人

(3)　18人

(4)　22人

(5)　26人

【R4年10月／問11】

＿＿＿＿＿＿＿＿＿＿＿＿＿＿＿＿＿＿＿＿＿＿＿＿＿＿＿＿

解説

事務室における必要換気量は以下の式より求める。

$$必要換気量（m^3/h）＝\frac{在室者全員が呼出する二酸化炭素量（m^3/h）}{室内二酸化炭素基準濃度（ppm）－外気の二酸化炭素濃度（ppm）}$$

$$×1,000,000$$

数値を当てはめると、

$$600＝\frac{0.016×X}{(1,000-400)}×1,000,000$$

600＝26.7X となるので、X ＝22.5となる。

よって、解答は(4)である

二酸化炭素の濃度の単位が「ppm」の場合、計算の最後に100万倍することに注
意する。

解答　(4)

問18 事務室内において、空気を外気と入れ換えて二酸化炭素濃度を
□□ 1,000ppm 以下に保った状態で、在室することのできる最大の人数は次の
うちどれか。

ただし、外気の二酸化炭素濃度を400ppm、外気と入れ換える空気量を
500m^3/h、1人当たりの呼出二酸化炭素量を0.018m^3/h とする。

(1) 14人

(2) 16人

(3) 18人

(4) 20人

(5) 22人

【R3年4月・R1年10月／問11】

解説

事務室における必要換気量は以下の式より求める。

$$必要換気量(m^3/h) = \frac{在室者全員が呼出する二酸化炭素量(m^3/h)}{室内二酸化炭素基準濃度(ppm)-外気の二酸化炭素濃度(ppm)}$$
$$\times 1,000,000$$

数値を当てはめると、

$$500 = \frac{0.018 \times X}{(1,000-400)} \times 1,000,000$$

500 = 30X となるので、X = 16.7となる。

よって、解答は(2)である

二酸化炭素の濃度の単位が「ppm」の場合、計算の最後に100万倍することに注
意する。

解答 (2)

問19　事務室内において、空気を外気と入れ換えて二酸化炭素濃度を
□□　1,000ppm 以下に保った状態で、在室することのできる最大の人数は次の
うちどれか。

　　ただし、外気の二酸化炭素濃度を400ppm、外気と入れ換える空気量を
500m^3/h、1人当たりの呼出二酸化炭素量を0.016m^3/h とする。

(1)　14人

(2)　16人

(3)　18人

(4)　20人

(5)　22人

【H31年4月／問11】

解説

事務室における必要換気量は以下の式より求める。

$$必要換気量(m^3/h)=\frac{在室者全員が呼出する二酸化炭素量(m^3/h)}{室内二酸化炭素基準濃度(ppm)-外気の二酸化炭素濃度(ppm)}\times1,000,000$$

数値を当てはめると、

$$500=\frac{0.016\times X}{(1,000-400)}\times1,000,000$$

500＝26.666X となるので、X ＝18.8となる。

よって、解答は(3)である

二酸化炭素の濃度の単位が「ppm」の場合、計算の最後に100万倍することに注
意する。

解答　(3)

問20

□□ 事務室における必要換気量Q（m³/h）を算出する式として、正しいものは(1)〜(5)のうちどれか。

ただし、AからDは次のとおりとする。

A 室内二酸化炭素濃度の測定値（%）

B 室内二酸化炭素基準濃度（%）

C 外気の二酸化炭素濃度（%）

D 在室者全員が1時間に呼出する二酸化炭素量（m³/h）

(1) $Q = \dfrac{D}{A - B} \times 100$

(2) $Q = \dfrac{D}{A - C} \times 100$

(3) $Q = \dfrac{D}{B - C} \times 100$

(4) $Q = \dfrac{D}{A - B} \times 1,000,000$

(5) $Q = \dfrac{D}{B - C} \times 1,000,000$

【R2年10月／問11】

解説

事務室における必要換気量は以下の式より求める。

$$必要換気量(m³/h) = \frac{在室者全員が呼出する二酸化炭素量(m³/h)}{室内二酸化炭素基準濃度(\%) - 外気の二酸化炭素濃度(\%)} \times 100$$

よって、解答は(3)である。

なお、計算の最後に、二酸化炭素濃度の単位が「%」であった場合は100倍、「ppm」であった場合は100万倍することに注意する。

解答 (3)

問21　事務室における必要換気量Q（m³/h）を算出する式として、正しいものは(1)～(5)のうちどれか。

□□　ただし、AからDは次のとおりとする。

A　室内二酸化炭素濃度の測定値（ppm）

B　室内二酸化炭素基準濃度（ppm）

C　外気の二酸化炭素濃度（ppm）

D　在室者全員が1時間に呼出する二酸化炭素量（m³/h）

(1)　$Q = \dfrac{D}{A - B} \times 100$

(2)　$Q = \dfrac{D}{A - C} \times 100$

(3)　$Q = \dfrac{D}{B - C} \times 100$

(4)　$Q = \dfrac{D}{A - B} \times 1,000,000$

(5)　$Q = \dfrac{D}{B - C} \times 1,000,000$

【R2年4月／問11】

解説

事務室における必要換気量は以下の式より求める。

$$必要換気量(m³/h) = \dfrac{在室者全員が呼出する二酸化炭素量(m³/h)}{室内二酸化炭素基準濃度(ppm) - 外気の二酸化炭素濃度(ppm)} \times 1,000,000$$

よって、解答は(5)である。

なお、計算の最後に、二酸化炭素濃度の単位が「％」であった場合は100倍、「ppm」であった場合は100万倍することに注意する。

解答　(5)

○事務室の換気に関する問題では、空気の組成、人間の呼気の成分、必要
　換気量の意味と求め方、必要換気量を求める際に用いる数値について、
　理解をしておく。

・事務室における必要換気量の求め方の問題は、分母は室内二酸化炭素
　（CO_2）基準濃度から外気の二酸化炭素濃度を差し引いた値であること
　に注意して以下の式を覚える。

$$必要換気量（m^3／h）＝\frac{在室者全員が呼出する二酸化炭素量（m^3／h）}{室内二酸化炭素基準濃度－外気の二酸化炭素濃度}$$

　なお、計算の最後に、二酸化炭素濃度の単位が「％」であった場合は
　100倍、「ppm」であった場合は100万倍することに注意する。
　（1 ％ ＝0.01、 1 ppm ＝0.000001）

・必要換気量を求める式のうち、以下の数値はほぼ定数となっており、こ
　の数値は覚えておく必要がある。

　　　◇室内 CO_2基準濃度……………………………………0.1%

　　　◇外気の CO_2濃度………………………………………0.03〜0.04%

　　　◇在室者の 1 時間あたりの呼出 CO_2量を
　　　　求めるために用いる呼気中の CO_2濃度…………4%

・事務室の空気環境の測定の際に用いる器具についての問題では、事務所
　則において測定項目ごとに規定されている測定器具の内容について理解
　しておく。

4 作業管理

上・第5章

問22 □□ 労働衛生対策を進めるに当たっては、作業環境管理、作業管理及び健康管理が必要であるが、次のAからEの対策例について、作業管理に該当するものの組合せは⑴～⑸のうちどれか。

A 座位での情報機器作業における作業姿勢は、椅子に深く腰をかけて背もたれに背を十分あて、履き物の足裏全体が床に接した姿勢を基本とする。

B 情報機器作業において、書類上及びキーボード上における照度を400ルクス程度とする。

C 高温多湿作業場所において労働者を作業に従事させる場合には、計画的に、暑熱順化期間を設ける。

D 空気調和設備を設け、事務室内の気温を調節する。

E 介護作業等腰部に著しい負担のかかる作業に従事する労働者に対し、腰痛予防体操を実施させる。

⑴ A，B

⑵ A，C

⑶ B，E

⑷ C，D

⑸ D，E

【R5年4月／問13】

解説

作業管理とは、作業内容や作業方法等を適切に管理することにより、作業から発生する有害要因を排除し、作業負荷の軽減を図り、労働者への健康影響を少なくすることである。設問では、AとCが該当する。

作業環境管理とは、作業環境に起因する労働者の健康障害を予防することが目的であり、そのためには、危険有害要因によるリスク低減対策を講じる必要がある。設問では、BとDが該当する。

健康管理とは、個々の労働者の健康状態を把握し、労働者の健康状態を維持し、

さらに健康増進を図るために、健康診断、健康相談、職場体操等が行われるものである。設問では、Eが該当する。

　よって、解答は(2)である。

解答　(2)

解答にあたってのポイント

○労働衛生対策を進めるうえで核となる「**作業環境管理**」、「**作業管理**」及び「**健康管理**」を労働衛生の「**3管理**」といい、その内容は下記のとおりである。

・作業環境管理：作業環境に起因する健康障害を予防するための管理（例：設備の密閉化・自動化、局所排気装置の設置等工学的対策の実施）

・作業管理：作業に伴う有害要因を排除したり、当該要因の影響を最少にするための作業の管理（例：作業強度の軽減、作業姿勢の改善）

・健康管理：労働者の健康状況の把握、その結果に基づく措置による健康障害の発生・増悪を防止するための管理（例：健康診断、面接指導、メンタルヘルス対策の実施）

　それぞれの管理の区別とともに、各管理の目的や対象、進め方について理解しておく。また、産業疲労に関わる作業管理について理解しておく。

5　健康診断

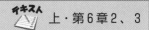
上・第6章2、3

問23　健康診断における検査項目に関する次の記述のうち、誤っているものは
□□　どれか。

(1)　HDL コレステロールは、善玉コレステロールとも呼ばれ、低値であることは動脈硬化の危険因子となる。

(2)　γ-GTP は、正常な肝細胞に含まれている酵素で、肝細胞が障害を受けると血液中に流れ出し、特にアルコールの摂取で高値を示す特徴がある。

(3)　ヘモグロビン A1c は、血液 1 μL 中に含まれるヘモグロビンの数を表す値であり、貧血の有無を調べるために利用される。

(4)　尿素窒素（BUN）は、腎臓から排泄される老廃物の一種で、腎臓の働きが低下すると尿中に排泄されず、血液中の値が高くなる。

(5)　血清トリグリセライド（中性脂肪）は、食後に値が上昇する脂質で、内臓脂肪が蓄積している者において、空腹時にも高値が持続することは動脈硬化の危険因子となる。

【R5年10月／問14】

解説

(1)　正しい。

(2)　正しい。

(3)　誤り。ヘモグロビン A1c は、ヘモグロビンにグルコース（血糖）が非酵素的に結合したもので、ヘモグロビン全体に対する割合（%）として表される。過去 2〜3 カ月の平均的な血糖値を表す数値であり、直前の食事に影響されないため、糖尿病の早期発見や血糖コントロール状態の評価に有用な検査指標である。

(4)　正しい。

(5)　正しい。

解答　(3)

問24 　　身長175cm、体重80kg、腹囲88cm の人の BMI に最も近い値は、次のう
□□ 　ちどれか。

(1)　21

(2)　26

(3)　29

(4)　37

(5)　40

【R5年10月／問20】

解説

　身長をm単位に変換すると、1.75m であることから、BMI を計算すると、80÷
$(1.75)^2$＝26.1となり、最も近い値は26となるので、解答は(2)である。

解答　(2)

問25　メタボリックシンドロームの診断基準に関する次の文中の［　］内に入
□□　れるAからCの語句の組合せとして、正しいものは⑴〜⑸のうちどれか。

　　「日本では、内臓脂肪の蓄積があり、かつ、血中脂質（中性脂肪、HDL コ
レステロール）、［A］、［B］の三つのうち［C］が基準値から外れている
場合にメタボリックシンドロームと診断される。」

	A	B	C
⑴	血圧	空腹時血糖	いずれか一つ
⑵	血圧	空腹時血糖	二つ以上
⑶	γ-GTP	空腹時血糖	二つ以上
⑷	γ-GTP	尿蛋白	いずれか一つ
⑸	γ-GTP	尿蛋白	二つ以上

【R4年10月／問18】

解　説

　日本人のメタボリックシンドローム診断基準（日本内科学会等、2005年）は、
腹部肥満（内臓脂肪量）に加えて、以下の項目のうち、2 項目以上が基準値から
外れている場合となっている。

①　トリグリセライド≧150mg/dL かつ／又は HDL コレステロール＜
40mg/dL

②　収縮期血圧≧130mmHg かつ／又は 拡張期血圧≧85mmHg

③　空腹時血糖≧110mg/dL

よって、解答は⑵である。

解答　⑵

問26 メタボリックシンドローム診断基準に関する次の文中の ［ ］ 内に入れ
□□ る A から D の語句又は数値の組合せとして、正しいものは(1)～(5)のうち
どれか。

「日本人のメタボリックシンドローム診断基準で、腹部肥満（［A］脂肪
の蓄積）とされるのは、腹囲が男性では ［B］ cm 以上、女性では ［C］ cm
以上の場合であり、この基準は、男女とも ［A］ 脂肪面積が ［D］ cm²以上
に相当する。」

	A	B	C	D
(1)	内臓	85	90	100
(2)	内臓	85	90	200
(3)	内臓	90	85	100
(4)	皮下	90	85	200
(5)	皮下	100	90	200

【R4年 4 月／問18】

 解 説

皮下脂肪と異なり、腹腔内に溜まる脂肪を内臓脂肪と呼ぶ。この内臓脂肪の量
が多いことと心疾患や脳卒中の発生とが関連していることが指摘され、メタボ
リックシンドロームと呼ばれている。

腹囲は、内臓脂肪を推定する簡便な指標である。日本人では、立位で、軽く息
を吐いたときに、臍の高さで測定した腹囲が、男性85cm、女性90cm のときに、
CT スキャン検査により臍の位置で測定した内臓脂肪の断面積が100cm²に相当
すると考えられている。

よって、解答は(1)である。

解答 (1)

問27 メタボリックシンドローム診断基準に関する次の文中の◯◯内に入れるAからCの語句又は数値の組合せとして、正しいものは(1)〜(5)のうちどれか。

「日本人のメタボリックシンドローム診断基準で、腹部肥満（ A 脂肪の蓄積）とされるのは、腹囲が男性では B cm以上、女性では C cm以上の場合である。」

	A	B	C
(1)	内臓	85	90
(2)	内臓	90	85
(3)	皮下	85	90
(4)	皮下	90	85
(5)	体	95	90

【R2年10月／問15、R2年4月／問18】

解説

皮下脂肪と異なり、腹腔内に溜まる脂肪を内臓脂肪と呼ぶ。この内臓脂肪の量が多いことと心疾患や脳卒中の発生とが関連していることが指摘され、メタボリックシンドロームと呼ばれている。

腹囲は、内臓脂肪を推定する簡便な指標である。日本人では、立位で、軽く息を吐いたときに、臍の高さで測定した腹囲が、男性85cm、女性90cmのときに、CTスキャン検査により臍の位置で測定した内臓脂肪の断面積が100cm²に相当すると考えられている。

よって、解答は(1)である。

解答 (1)

○日本人のメタボリックシンドローム診断基準（日本内科学会等、2005年）

1　腹部肥満（内臓脂肪量）

　　ウエスト周囲径（腹囲）　男性≧85cm、女性≧90cm（内臓脂肪面積≧100cm²に相当）

2　上記に加え以下のうちの2項目以上

　1）　トリグリセライド≧150mg/dL　かつ／又は　HDL コレステロール<40mg/dL

　2）　収縮期血圧≧130mmHg　かつ／又は　拡張期血圧≧85mmHg

　3）　空腹時血糖≧110mg/dL

（注）・ウエスト周囲径は、立体、軽呼気時に臍レベルで測定する。脂肪蓄積が著明で臍が下方に偏位している場合は、肋骨下縁と前上腸骨棘の中点の高さで測定する。

　　　・高トリグリセライド血症、低 HDL コレステロール血症、高血圧、糖尿病に対する薬物治療を受けている場合は、それぞれの項目に含める。

　　　・メタボリックシンドロームと診断された場合、糖負荷試験が勧められるが診断には必須ではない。

○BMI については、次の式で計算する。

$$\text{BMI} = \frac{\text{体重}\,W(\text{kg})}{(\text{身長}\,H(\text{m}))^2} = \frac{W}{H^2}$$

なお、BMI の一般的な基準範囲は18.5以上25.0未満である。

また、標準体重は、BMI＝22として計算する。

　　　標準体重(kg)＝身長$(\text{m})^2 \times 22$

○健康診断の検査項目については、従来より、法令上の規制について、関係法令（「Ⅰ　関係法令」の「①　労働安全衛生法」の「8　健康診断」）のとおり出題されているが、健康診断の血液検査の検査項目の数値の意味についても出題されている。主な項目としては、次のようなものがある。

・GOT（AST）（血清グルタミックオキサロアセチックトランスアミナーゼ）、GPT（ALT）（血清グルタミックピルビックトランスアミナーゼ）、γ-GTP（ガンマ－グルタミルトランスペプチダーゼ）は、肝細胞が障害を受けると血中に流れ出し、高値を示す。γ-GTPは、アルコールの摂取で高値を示す特徴がある。

・HDLコレステロールは、善玉コレステロールとも呼ばれ、これが低値であることが動脈硬化の危険因子となる。

・LDLコレステロールは、悪玉コレステロールとも呼ばれ、これが高値であることが動脈硬化の危険因子となる。

・中性脂肪（血清トリグリセライド）は、食後に値が上昇する脂質であるが、食後に異常な高値になることや空腹時にも高値が持続することが動脈硬化の危険因子となる。

・血糖値は、食後に異常な高値になることや、空腹時にも高値が持続することが、糖尿病を発見する手がかりとなる。

・ヘモグロビンA1cは、過去2～3カ月の平均的な血糖値を表す数値で、直前の食事に左右されない。

・尿酸は、体内のプリン体と呼ばれる物質の代謝物で、血中の尿酸値が高くなる高尿酸血症は、関節の痛風発作や尿路結石の原因となるほか、動脈硬化とも関連すると考えられている。

・BUN（尿素窒素）は、腎臓でろ過される老廃物の一種で、腎臓の働きが低下するとろ過しきれず、血液中での値が高くなる。

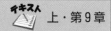
問28 労働衛生管理に用いられる統計に関する次の記述のうち、誤っているものはどれか。

(1) 生体から得られたある指標が正規分布である場合、そのばらつきの程度は、平均値や最頻値によって表される。

(2) 集団を比較する場合、調査の対象とした項目のデータの平均値が等しくても分散が異なっていれば、異なった特徴をもつ集団であると評価される。

(3) 健康管理統計において、ある時点での検査における有所見者の割合を有所見率といい、このようなデータを静態データという。

(4) 健康診断において、対象人数、受診者数などのデータを計数データといい、身長、体重などのデータを計量データという。

(5) ある事象と健康事象との間に、統計上、一方が多いと他方も多いというような相関関係が認められても、それらの間に因果関係があるとは限らない。

【R5年10月／問16、R3年10月／問14】

解説

(1) 誤り。生体から得られたある指標が正規分布である場合、そのばらつきの程度は、分散や標準偏差によって表される。

(2) 正しい。

(3) 正しい。

(4) 正しい。

(5) 正しい。

解答 (1)

問29　　労働衛生管理に用いられる統計に関する次の記述のうち、誤っているも
□□　のはどれか。

(1)　生体から得られたある指標が正規分布である場合、そのばらつきの程度は、
平均値及び中央値によって表される。

(2)　集団を比較する場合、調査の対象とした項目のデータの平均値が等しくても
分散が異なっていれば、異なった特徴をもつ集団であると評価される。

(3)　健康管理統計において、ある時点での集団に関するデータを静態データとい
い、「有所見率」は静態データの一つである。

(4)　ある事象と健康事象との間に、統計上、一方が多いと他方も多いというよう
な相関関係が認められたとしても、それらの間に因果関係があるとは限らない。

(5)　健康診断において、対象人数、受診者数などのデータを計数データといい、
身長、体重などのデータを計量データという。

【R5年4月／問16】

解説

(1)　誤り。生体から得られたある指標が正規分布である場合、そのばらつきの程
度は、分散や標準偏差によって表される。

(2)　正しい。

(3)　正しい。

(4)　正しい。

(5)　正しい

解答　(1)

問30　労働衛生管理に用いられる統計に関する次の記述のうち、誤っているものはどれか。

(1)　ある事象と健康事象との間に、統計上、一方が多いと他方も多いというような相関関係が認められたとしても、それらの間に因果関係があるとは限らない。

(2)　集団を比較する場合、調査の対象とした項目のデータの平均値が等しくても分散が異なっていれば、異なった特徴をもつ集団であると評価される。

(3)　健康管理統計において、ある時点での検査における有所見者の割合を有所見率といい、一定期間において有所見とされた人の割合を発生率という。

(4)　生体から得られたある指標が正規分布である場合、そのばらつきの程度は、平均値や最頻値によって表される。

(5)　静態データとは、ある時点の集団に関するデータであり、動態データとは、ある期間の集団に関するデータである。

【R4年10月／問19】

解説

(1)　正しい。

(2)　正しい。

(3)　正しい。

(4)　誤り。生体から得られたある指標が正規分布である場合、そのばらつきの程度は、分散や標準偏差によって表される。

(5)　正しい。

解答　(4)

問31　　労働衛生管理に用いられる統計に関する次の記述のうち、誤っているも
□□　のはどれか。

(1)　健康診断において、対象人数、受診者数などのデータを計数データといい、
身長、体重などのデータを計量データという。

(2)　生体から得られたある指標が正規分布である場合、そのばらつきの程度は、
平均値や最頻値によって表される。

(3)　集団を比較する場合、調査の対象とした項目のデータの平均値が等しくても
分散が異なっていれば、異なった特徴をもつ集団であると評価される。

(4)　ある事象と健康事象との間に、統計上、一方が多いと他方も多いというよう
な相関関係が認められたとしても、それらの間に因果関係があるとは限らない。

(5)　静態データとは、ある時点の集団に関するデータであり、動態データとは、
ある期間の集団に関するデータである。

【R4年4月／問15】

解説

(1)　正しい。

(2)　誤り。生体から得られたある指標が正規分布である場合、そのばらつきの程
度は、分散や標準偏差によって表される。

(3)　正しい。

(4)　正しい。

(5)　正しい。

解答　(2)

解答にあたってのポイント

○労働衛生管理統計の目的、統計データの種類、データの分析、疫学に用
　いられる因果関係、統計の特徴などについて、理解しておく。
・疾病休業統計に関する問題は、「病休度数率」、「病休強度率」、「疾病休業
　日数率」、「病休件数年千人率」の意味と求め方を理解しておく。

7　労働者の健康保持増進

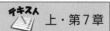　上・第7章

問32　厚生労働省の「事業場における労働者の健康保持増進のための指針」に基づく健康保持増進対策に関する次の記述のうち、適切でないものはどれか。

(1)　健康保持増進対策の推進に当たっては、事業者が労働者等の意見を聴きつつ事業場の実態に即した取組を行うため、労使、産業医、衛生管理者等で構成される衛生委員会等を活用する。

(2)　健康測定の結果に基づき行う健康指導には、運動指導、メンタルヘルスケア、栄養指導、口腔保健指導、保健指導が含まれる。

(3)　健康保持増進措置は、主に生活習慣上の課題を有する労働者の健康状態の改善を目指すために個々の労働者に対して実施するものと、事業場全体の健康状態の改善や健康増進に係る取組の活性化等、生活習慣上の課題の有無に関わらず労働者を集団として捉えて実施するものがある。

(4)　健康保持増進に関する課題の把握や目標の設定等においては、労働者の健康状態等を客観的に把握できる数値を活用することが望ましい。

(5)　健康測定とは、健康指導を行うために実施される調査、測定等のことをいい、疾病の早期発見に重点をおいた健康診断の各項目の結果を健康測定に活用することはできない。

【R5年4月／問20】

解　説

(1)　正しい。

(2)　正しい。

(3)　正しい。

(4)　正しい。

(5)　誤り。健康測定の一部に定期健康診断結果を活用することもできる。

解答　(5)

問33 　　　労働者の健康保持増進のために行う健康測定における運動機能検査の項
□□ 　目とその測定種目との組合せとして、誤っているものは次のうちどれか。

(1) 　筋力……………………握力

(2) 　柔軟性……………上体起こし

(3) 　平衡性……………閉眼（又は開眼）片足立ち

(4) 　敏しょう性………全身反応時間

(5) 　全身持久性………最大酸素摂取量

【R3年 4 月／問15、R2年 4 月／問14、H31年 4 月／問20】

解 説

(1) 　正しい。

(2) 　誤り。柔軟性は座位体前屈で検査される。上体起こしは筋持久力の検査である。

(3) 　正しい。

(4) 　正しい。

(5) 　正しい。

解答 （2）

解答にあたってのポイント

○厚生労働省は令和2年3月31日、「事業場における労働者の健康保持増進のための指針（通称、ＴＨＰ指針）」を大きく改正し、同年4月1日より適用した。さらに、令和3年2月と12月に、医療保険者と連携した対策の推進に関連した改正、令和4年3月に、個人情報保護に関する改正がされた（令和4年健康保持増進のための指針公示第10号。現指針）。

　以下に現指針の主な内容を紹介する。

　旧指針（昭和63年同指針公示第1号。令和2年3月改正までの最終改正：平成27年同指針公示第5号）では、健康保持増進措置を実施する対象を主に生活習慣上の課題を有する労働者としていたが、現指針では、幅広い労働者が対象とされた。

　また、健康保持増進措置の内容を規定する指針から、取組み方法を規定する指針への見直しが図られた。旧指針では、健康保持増進措置について、①健康測定、②産業医等による指導票の作成、③個人の状況に応じた運動指導、保健指導等を各専門家により実施、という定型的な内容を示していたが、現指針では事業場の規模や特性に応じて健康保持増進措置の内容を検討・実施できるように見直された。

　健康保持増進対策を推進するに当たっては、ＰＤＣＡサイクルを回しながら進めるよう求め、ＰＤＣＡの各段階において事業場で取り組むべき項目を明確にするなど、健康保持増進対策の進め方を示すものとなっている。

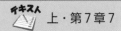
問34　厚生労働省の「労働者の心の健康の保持増進のための指針」に基づくメンタルヘルス対策に関する次のAからDの記述について、誤っているものの組合せは(1)～(5)のうちどれか。

A　メンタルヘルスケアを中長期的視点に立って継続的かつ計画的に行うため策定する「心の健康づくり計画」は、各事業場における労働安全衛生に関する計画の中に位置付けることが望ましい。

B　「心の健康づくり計画」の策定に当たっては、プライバシー保護の観点から、衛生委員会や安全衛生委員会での調査審議は避ける。

C　「セルフケア」、「家族によるケア」、「ラインによるケア」及び「事業場外資源によるケア」の四つのケアを効果的に推進する。

D　「セルフケア」とは、労働者自身がストレスや心の健康について理解し、自らのストレスを予防、軽減する、又はこれに対処することである。

(1)　A，B

(2)　A，C

(3)　A，D

(4)　B，C

(5)　C，D

【R5年4月／問14】

解説

A　正しい。

B　誤り。心の健康づくり計画策定においては、衛生委員会や安全衛生委員会において十分調査審議を行い、各事業場における労働安全衛生計画の中に位置付けることが望ましい。

C　誤り。メンタルヘルスケアは、「セルフケア」、「ラインによるケア」、「事業場内産業保健スタッフ等によるケア」及び「事業場外資源によるケア」の四つのケアが継続的かつ計画的に行われることが重要である。「家族によるケア」は

四つのメンタルヘルスケアには含まれない。

D　正しい。

よって、BとCが誤りであり、解答は(4)である。

解答　(4)

問35　厚生労働省の「労働者の心の健康の保持増進のための指針」に基づくメンタルヘルスケアの実施に関する次の記述のうち、適切でないものはどれか。

(1)　心の健康については、客観的な測定方法が十分確立しておらず、また、心の健康問題の発生過程には個人差が大きく、そのプロセスの把握が難しいという特性がある。

(2)　心の健康づくり計画の実施に当たっては、メンタルヘルス不調を早期に発見する「一次予防」、適切な措置を行う「二次予防」及びメンタルヘルス不調となった労働者の職場復帰支援を行う「三次予防」が円滑に行われるようにする必要がある。

(3)　労働者の心の健康は、職場配置、人事異動、職場の組織などの要因によって影響を受けるため、メンタルヘルスケアは、人事労務管理と連携しなければ、適切に進まない場合が多いことに留意する。

(4)　労働者の心の健康は、職場のストレス要因のみならず、家庭・個人生活などの職場外のストレス要因の影響を受けている場合も多いことに留意する。

(5)　メンタルヘルスケアを推進するに当たって、労働者の個人情報を主治医等の医療職や家族から取得する際には、あらかじめこれらの情報を取得する目的を労働者に明らかにして承諾を得るとともに、これらの情報は労働者本人から提出を受けることが望ましい。　　　　　　　　　　　　　【R3年4月／問14】

※ R2年4月／問15は類似問題

解説

(1)　適切。

(2)　適切でない。「労働者の心の健康の保持増進のための指針」では、心の健康づくり計画の実施に当たっては、ストレスチェック制度の活用や職場環境等の改善によりメンタルヘルス不調を未然に防止する取組「一次予防」、メンタルヘルス不調を早期に発見し、適切な措置を行う取組「二次予防」、メンタルヘルス不調となった労働者の職場復帰の支援等を行う取組「三次予防」が円滑に行われるようにする必要があると示している。よって、この設問の「一次予防」「二次予防」の説明が適切でない。

(3)　適切。

(4)　適切。

(5)　適切。

解答　(2)

問36　厚生労働省の「労働者の心の健康の保持増進のための指針」に基づくメンタルヘルスケアの実施に関する次の記述のうち、適切でないものはどれか。

(1)　心の健康については、客観的な測定方法が十分確立しておらず、また、心の健康問題の発生過程には個人差が大きく、そのプロセスの把握が難しいという特性がある。

(2)　心の健康づくり計画の実施に当たっては、メンタルヘルス不調を早期に発見する「一次予防」、適切な措置を行う「二次予防」及びメンタルヘルス不調となった労働者の職場復帰支援を行う「三次予防」が円滑に行われるようにする必要がある。

(3)　労働者の心の健康は、職場配置、人事異動、職場の組織などの要因によって影響を受けるため、メンタルヘルスケアは、人事労務管理と連携しなければ、適切に進まない場合が多いことに留意する。

(4)　「セルフケア」、「ラインによるケア」、「事業場内産業保健スタッフ等によるケア」及び「事業場外資源によるケア」の四つのケアを継続的かつ計画的に行う。

(5)　メンタルヘルスケアを推進するに当たって、労働者の個人情報を主治医等の医療職や家族から取得する際には、あらかじめこれらの情報を取得する目的を労働者に明らかにして承諾を得るとともに、これらの情報は労働者本人から提出を受けることが望ましい。　【R2年10月／問14】

解説

(1)　適切。

(2)　適切でない。「労働者の心の健康の保持増進のための指針」では、心の健康づくり計画の実施に当たっては、ストレスチェック制度の活用や職場環境等の改善によりメンタルヘルス不調を未然に防止する取組「一次予防」、メンタルヘルス不調を早期に発見し、適切な措置を行う取組「二次予防」、メンタルヘルス不調となった労働者の職場復帰の支援等を行う取組「三次予防」が円滑に行われるようにする必要があると示している。よって、この設問の「一次予防」「二次予防」の説明が適切でない。

(3)　適切。

(4)　適切。

(5)　適切。　解答　(2)

問37　厚生労働省の「労働者の心の健康の保持増進のための指針」において、
□□　心の健康づくり計画の実施に当たって推進すべきこととされている四つの
メンタルヘルスケアに該当しないものは、次のうちどれか。

(1)　労働者自身がストレスや心の健康について理解し、自らのストレスの予防や
対処を行うセルフケア

(2)　職場の同僚がメンタルヘルス不調の労働者の早期発見、相談への対応を行う
とともに管理監督者に情報提供を行う同僚によるケア

(3)　管理監督者が、職場環境等の改善や労働者からの相談への対応を行うライン
によるケア

(4)　産業医、衛生管理者等が、心の健康づくり対策の提言や推進を行うとともに、
労働者及び管理監督者に対する支援を行う事業場内産業保健スタッフ等による
ケア

(5)　メンタルヘルスケアに関する専門的な知識を有する事業場外の機関及び専門
家を活用し支援を受ける事業場外資源によるケア

【R1年10月／問14】

解 説

　メンタルヘルスケアは、「セルフケア」、「ラインによるケア」、「事業場内産業保
健スタッフ等によるケア」及び「事業場外資源によるケア」の四つのケアが継続
的かつ計画的に行われることが重要である。「同僚によるケア」は四つのメンタ
ルヘルスケアには含まれない。

　よって、解答は(2)である。

解答　(2)

解答にあたっての**ポイント**

・「労働者の心の健康の保持増進のための指針」に関する問題である。**テキスト「衛生管理（上）」の「第7章7」**を参照し、この指針に示された四つのメンタルヘルスケアの内容を把握しておくとよい。

・四つのメンタルヘルスケア

　① セルフケア（労働者が自ら行うストレスへの気づきと対処）

　② ラインによるケア（管理監督者が行う職場環境等の改善と相談への対応）

　③ 事業場内産業保健スタッフ等によるケア（産業医、衛生管理者等によるケア）

　④ 事業場外資源によるケア（事業場外の専門機関によるケア）

・労働者のストレスチェックの実施についても、本問題集 p.84～85を参照して内容を理解しておくとよい。

・職場のパワーハラスメントの防止については、いまだ出題されていないが、注目されるテーマである。「労働施策の総合的な推進並びに労働者の雇用の安定及び職業生活の充実等に関する法律」（昭和41年法律第132号）（労働施策総合推進法）の令和元年の改正により、事業主が雇用管理上必要な措置を講じる義務が令和2年6月から施行され（中小事業主については令和4年3月までは努力義務）、また、「事業主が職場における優越的な関係を背景とした言動に起因する問題に関して雇用管理上講ずべき措置等についての指針」（令和2年1月15日厚生労働省告示第5号）が示されている。

9 情報機器作業における労働衛生管理

イキスト 上・第5章4(2)
第6章3(5)

問38 厚生労働省の「情報機器作業における労働衛生管理のためのガイドライ
□□ ン」に基づく措置に関する次の記述のうち、適切でないものはどれか。

(1) ディスプレイとの視距離は、おおむね50cm とし、ディスプレイ画面の上端
を眼の高さよりもやや下にしている。

(2) 書類上及びキーボード上における照度を400ルクス程度とし、書類及びキー
ボード面における明るさと周辺の明るさの差はなるべく小さくしている。

(3) 一連続作業時間が1時間を超えないようにし、次の連続作業までの間に5分
の作業休止時間を設け、かつ、一連続作業時間内において2回の小休止を設け
ている。

(4) 1日の情報機器作業の作業時間が4時間未満である労働者については、自覚
症状を訴える者についてのみ、情報機器作業に係る定期健康診断の対象として
いる。

(5) 情報機器作業に係る定期健康診断において、眼科学的検査と筋骨格系に関す
る検査のそれぞれの実施日が異なっている。

【R5年10月／問13】

解 説

(1) 適切。ディスプレイは、おおむね40cm以上の視距離が確保できるようにし、
画面の上端が眼と同じ高さかやや下になるようにする。

(2) 適切。書類上及びキーボード上における照度は、300ルクス以上になるよう
にする。

(3) 適切でない。情報機器（VDT）作業については、一連続作業時間が1時間を
超えないようにし、次の連続作業までの間に10～15分間の作業休止時間を設け、
かつ、一連続作業時間内において1～2回程度の小休止を設けるようにする。

(4) 適切。

(5) 適切。

解答 (3)

問39　　厚生労働省の「情報機器作業における労働衛生管理のためのガイドライ
□□　ン」に関する次の記述のうち、適切でないものはどれか。

(1)　ディスプレイ画面上における照度は、500ルクス以下となるようにしている。

(2)　ディスプレイ画面の位置、前後の傾き、左右の向き等を調整してグレアを防
止している。

(3)　ディスプレイは、おおむね30cm 以内の視距離が確保できるようにし、画面
の上端を眼の高さよりもやや下になるように設置している。

(4)　1日の情報機器作業の作業時間が4時間未満である労働者については、自覚
症状を訴える者についてのみ、情報機器作業に係る定期健康診断の対象として
いる。

(5)　情報機器作業に係る定期健康診断を、1年以内ごとに1回、定期に実施して
いる。

【R3年10月／問19】

解説

(1)　適切。※ガイドラインの令和3年12月の改正により、ガイドライン上、ディ
スプレイ画面上の照度に関する定めはなくなっている。

(2)　適切。

(3)　適切でない。ディスプレイは、おおむね40cm 以上の視距離が確保できるよ
うにし、画面の上端が眼と同じ高さかやや下になるようにする。「おおむね
30cm 以内」は適切でない。

(4)　適切。

(5)　適切。

解答　(3)

問40 厚生労働省の「情報機器作業における労働衛生管理のためのガイドライン」に関する次の記述のうち、適切でないものはどれか。

(1) ディスプレイ画面上における照度は、500ルクス以下となるようにしている。

(2) 書類上及びキーボード上における照度は、300ルクス以上となるようにしている。

(3) ディスプレイ画面の位置、前後の傾き、左右の向き等を調整してグレアを防止している。

(4) ディスプレイは、おおむね30cm 以内の視距離が確保できるようにし、画面の上端を眼の高さよりもやや下になるように設置している。

(5) 1日の情報機器作業の作業時間が4時間未満である労働者については、自覚症状を訴える者についてのみ、情報機器作業に係る定期健康診断の対象としている。

【R3年4月／問16】

解説

(1) 適切。※ガイドラインの令和3年12月の改正により、ガイドライン上、ディスプレイ画面上の照度に関する定めはなくなっている。

(2) 適切。

(3) 適切。

(4) 適切でない。ディスプレイは、おおむね40cm 以上の視距離が確保できるようにし、画面の上端が眼と同じ高さか、やや下になるようにする。「おおむね30cm 以内」は適切でない。

(5) 適切。

解答 (4)

問41 厚生労働省の「情報機器作業における労働衛生管理のためのガイドライン」に基づく措置に関する次の記述のうち、誤っているものはどれか。

(1) ディスプレイ画面上における照度は、500ルクス以下としている。

(2) 作業室内には、間接照明等のグレア防止用照明器具を用いている。

(3) ディスプレイは、50cm 以上の視距離が確保できるようにしている。

(4) 情報機器作業については、一連続作業間を1時間とし、次の連続作業までの間に5分の作業休止時間を設けている。

(5) 情報機器作業健康診断では、視力検査などの眼科学的検査のほか、上肢の運動機能などの筋骨格系に関する検査も行っている。

【R1年10月／問16（一部修正）】

解説

(1) 正しい。※ガイドラインの令和3年12月の改正により、ガイドライン上、ディスプレイ画面上の照度に関する定めはなくなっている。

(2) 正しい。

(3) 正しい。おおむね40cm 以上の視距離が確保されているので正しい。

(4) 誤り。情報機器（VDT）作業については、一連続作業時間が1時間を超えないようにし、次の連続作業までの間に10〜15分間の作業休止時間を設け、かつ、一連続作業時間内において1〜2回程度の小休止を設けるようにする。

(5) 正しい。

解答 (4)

問42　厚生労働省の「情報機器作業における労働衛生管理のためのガイドライン」に基づく措置に関する次の記述のうち、誤っているものはどれか。

(1)　ディスプレイ画面上における照度は、500ルクス以下になるようにする。

(2)　書類上及びキーボード上における照度は、300ルクス以上になるようにする。

(3)　ディスプレイは、おおむね40 cm以上の視距離が確保できるようにし、画面の上端が眼と同じ高さか、やや下になるようにする。

(4)　情報機器作業については、一連続作業時間が1時間を超えないようにし、次の連続作業までの間に10〜15分の作業休止時間を設け、かつ、一連続作業時間内において1〜2回程度の小休止を設けるようにする。

(5)　情報機器作業健康診断では、原則として、視力検査、上肢及び下肢の運動機能検査などを行う。

【H31年4月／問15（一部修正）】

解説

(1)　正しい。※ガイドラインの令和3年12月の改正により、ガイドライン上、ディスプレイ画面上の照度に関する定めはなくなっている。

(2)　正しい。

(3)　正しい。

(4)　正しい。

(5)　誤り。下肢の運動機能検査の必要はない。情報機器作業健康診断項目は、「業務歴の調査」、「既往歴の調査」、「自覚症状の有無の調査」、「眼科学的検査」と「筋骨格系に関する検査」の5項目であり、定期の一般健康診断を実施する際に併せて実施してもよい。

解答　(5)

解答にあたってのポイント

○「VDT作業における労働衛生管理のためのガイドライン」が廃止され「情報機器作業における労働衛生管理のためのガイドライン」が令和元年7月に制定された（令和3年12月に改正）。

　使用される情報機器の種類や活用状況の多様化により、従来のように作業を類型化してその類型別に健康確保対策の方法を画一的に示すことは困難となったため、個々の事業場のそれぞれの作業形態に応じ、きめ細やかな対策を検討する必要がある。このような状況を踏まえ、情報機器を使用する作業のための基本的な考え方は維持しつつ、多様な作業形態に対応するため、事業場が個々の作業形態に応じて判断できるよう、健康管理を行う作業区分が見直された。

○1日の作業時間、一連続作業時間及び作業休止時間、情報機器（VDT）作業の留意事項と情報機器作業従事者に対する特殊健康診断の検査項目について、以下の内容を理解しておく。

・書類上及びキーボード上における照度は、300ルクス以上になるようにする。

・ディスプレイは、概ね40cm以上の視距離が確保できるようにし、画面の上端が眼と同じ高さか、やや下になるようにする。

・ディスプレイに表示する文字は、文字の高さを概ね3mm以上とする。

・情報機器作業については、一連続作業時間が1時間を超えないようにし、次の連続作業までの間に10〜15分の作業休止時間を設ける。かつ、一連続作業時間内において1〜2回程度の小休止を設けるようにする。

・情報機器作業健康診断項目は、「業務歴の調査」、「既往歴の調査」、「自覚症状の有無の調査」、「眼科学的検査」と「筋骨格系に関する検査」の5項目であり、定期の一般健康診断を実施する際に併せて実施してもよい。

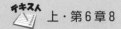

問43　厚生労働省の「職場における受動喫煙防止のためのガイドライン」に関する次のAからDの記述について、誤っているものの組合せは(1)～(5)のうちどれか。

A　第一種施設とは、多数の者が利用する施設のうち、学校、病院、国や地方公共団体の行政機関の庁舎等をいい、「原則敷地内禁煙」とされている。

B　一般の事務所や工場は、第二種施設に含まれ、「原則屋内禁煙」とされている。

C　第二種施設においては、特定の時間を禁煙とする時間分煙が認められている。

D　たばこの煙の流出を防止するための技術的基準に適合した喫煙専用室においては、食事はしてはならないが、飲料を飲むことは認められている。

(1)　A，B
(2)　A，C
(3)　B，C
(4)　B，D
(5)　C，D

【R5年10月／問15】

解説

A　正しい。

B　正しい。

C　誤り。第二種施設は原則屋内禁煙にする必要があり、屋内で喫煙を認める場合には、喫煙専用室等の設置が必要になる。特定の時間を禁煙とする時間分煙の対策はない。

D　誤り。喫煙専用室は「たばこを吸うためだけのスペース」なので、紙巻たばこ及び加熱式たばこの喫煙はできるが、飲食などをすることはできない。

　　なお、加熱式たばこ専用喫煙室では、喫煙専用室と違い、飲食などをすることもできる。

　　よって、CとDが誤りであり、解答は(5)である。

解答　(5)

問44　厚生労働省の「職場における受動喫煙防止のためのガイドライン」において、「喫煙専用室」を設置する場合に満たすべき事項として定められていないものは、次のうちどれか。

(1)　喫煙専用室の出入口において、室外から室内に流入する空気の気流が、0.2m/s 以上であること。

(2)　喫煙専用室の出入口における室外から室内に流入する空気の気流について、6 か月以内ごとに 1 回、定期に測定すること。

(3)　喫煙専用室のたばこの煙が室内から室外に流出しないよう、喫煙専用室は、壁、天井等によって区画されていること。

(4)　喫煙専用室のたばこの煙が屋外又は外部の場所に排気されていること。

(5)　喫煙専用室の出入口の見やすい箇所に必要事項を記載した標識を掲示すること。

【R5年 4 月／問15】

※ R4年10月・R4年 4 月／問14は類似問題

解説

(1)　定められている。

(2)　定められていない。喫煙専用室の出入口における室外から室内に流入する空気の気流について、0.2m/s 以上確保する必要があるが、定期的に気流を測定する規定はない。

(3)　定められている。

(4)　定められている。

(5)　定められている。

解答　(2)

○「職場における受動喫煙防止のためのガイドライン」(令和元年7月1日
基発0701第1号) 概要

・職場における受動喫煙防止対策を効果的に進めていくためには、企業
において、組織的に実施することが重要であり、事業者は、衛生委員
会、安全衛生委員会等の場を通じて、労働者の受動喫煙防止対策につ
いての意識・意見を十分に把握し、事業場の実情を把握した上で、各々
の事業場における適切な措置を決定すること。

・職場における受動喫煙防止対策の実施に当たり、事業者は、事業場の
実情に応じ、次のような取組を組織的に進めることが必要であること。

ア 推進計画の策定

イ 担当部署の指定

ウ 労働者の健康管理等

エ 標識の設置・維持管理

オ 意識の高揚及び情報の収集・提供

カ 労働者の募集及び求人の申込み時の受動喫煙防止対策の明示

・事業者は、妊娠している労働者や呼吸器・循環器等に疾患を持つ労働者、
がん等の疾病を治療しながら就業する労働者、化学物質に過敏な労働者
など、受動喫煙による健康への影響を一層受けやすい懸念がある者に対
して、これらの者への受動喫煙を防止するため、特に配慮を行うこと。

・事業者は、喫煙可能な場所における作業に関し、20歳未満の者の立入禁
止、20歳未満の者への受動喫煙防止措置、20歳以上の労働者に対する
配慮(勤務シフト、勤務フロア、動線等の工夫)等の措置を講じること。

・各種施設における受動喫煙防止対策

ア 第一種施設(多数の者が利用する施設のうち、学校、病院、児童
福祉施設その他の受動喫煙により健康を損なうおそれが高い者が主
として利用する施設等)にあっては、第一種施設が健康増進法によ

り「原則敷地内禁煙」とされていることから、第一種施設内では、受動喫煙を防止するために必要な技術的基準を満たす特定屋外喫煙場所を除き、労働者に敷地内で喫煙させないこと。

イ　第二種施設（多数の者が利用する施設のうち、第一種施設及び喫煙目的施設以外の施設（一般の事務所や工場、飲食店等も含まれる。））にあっては、第二種施設が健康増進法により「原則屋内禁煙」とされていることから、第二種施設内では、たばこの煙の流出を防止するための技術的基準に適合した室を除き、労働者に施設の屋内で喫煙させないこと。

ウ　喫煙目的施設（多数の者が利用する施設のうち、その施設を利用する者に対して、喫煙をする場所を提供することを主たる目的とする施設。公衆喫煙所、喫煙を主たる目的とするバー、スナック、店内で喫煙可能なたばこ販売店等）については、望まない受動喫煙を防止するため、喫煙目的室を設ける施設の営業について広告又は宣伝をするときは、喫煙目的室の設置施設であることを明らかにしなければならないこと等。

エ　既存特定飲食提供施設（面積等所定の要件を満たす飲食店）にあっては、事業者は、望まない受動喫煙を防止するため、既存特定飲食提供施設の飲食ができる場所を全面禁煙として喫煙専用室又は屋外喫煙所を設置する場合には、技術的基準を満たす喫煙専用室を設ける、又は、屋外喫煙所を設けることが望ましいこと。

オ　喫煙専用室（第二種施設等の屋内又は内部の場所の一部の場所であって、構造及び設備がその室外の場所（第二種施設等の屋内又は内部の場所に限る。）へのたばこの煙の流出を防止するための技術的基準に適合した室を、専ら喫煙をすることができる場所として定めたもの）にあっては、たばこの煙の流出を防止するための技術

II労働衛生

的基準を満たすものでなければならないこと（出入口において室外から室内に流入する空気の気流が0.2m/s以上であること、壁・天井等によって区画されていること、屋外または外部の場所に排気されていること、出入口の見やすい箇所に必要事項を記載した標識を掲示すること）。

カ　指定たばこ専用喫煙室（第二種施設等の屋内又は内部の場所の一部の場所であって、構造及び設備がその室外の場所（第二種施設等の屋内又は内部の場所に限る。）への指定たばこ（加熱式たばこをいう。）の煙の流出を防止するための技術的基準に適合した室を、指定たばこのみ喫煙をすることができる場所として定めたもの）にあっては、指定たばこの煙の流出を防止するための技術的基準を満たすものでなければならないこと。

なお、特定屋外喫煙場所とは、第一種施設の屋外の場所の一部のうち、当該第一種施設の管理権原者によって区画され、受動喫煙を防止するために健康増進法施行規則で定める必要な措置がとられた場所である。

11　職場における腰痛予防対策　<small>イキスん</small>　上・第5章4⑴・第6章3⑸

問45　厚生労働省の「職場における腰痛予防対策指針」に基づき、腰部に著し
□□　い負担のかかる作業に常時従事する労働者に対して当該作業に配置する際
　　に行う健康診断の項目として、適切でないものは次のうちどれか。

⑴　既往歴及び業務歴の調査

⑵　自覚症状の有無の検査

⑶　負荷心電図検査

⑷　神経学的検査

⑸　脊柱の検査

【R5年10月／問17】

解説

⑴　適切。

⑵　適切。

⑶　適切でない。腰痛健康診断の検査項目として、負荷心電図検査は含まれていない。

⑷　適切。

⑸　適切。

解答　⑶

問46 厚生労働省の「職場における腰痛予防対策指針」に基づく腰痛予防対策
□□ に関する次の記述のうち、正しいものはどれか。

(1) 腰部保護ベルトは、重量物取扱い作業に従事する労働者全員に使用させるようにする。

(2) 重量物取扱い作業の場合、満18歳以上の男性労働者が人力のみにより取り扱う物の重量は、体重のおおむね50％以下となるようにする。

(3) 重量物取扱い作業の場合、満18歳以上の女性労働者が人力のみにより取り扱う物の重量は、男性が取り扱うことのできる重量の60％位までとする。

(4) 重量物取扱い作業に常時従事する労働者に対しては、当該作業に配置する際及びその後1年以内ごとに1回、定期に、医師による腰痛の健康診断を行う。

(5) 立ち作業の場合は、身体を安定に保持するため、床面は弾力性のない硬い素材とし、クッション性のない作業靴を使用する。

【R4年10月／問16】

解説

(1) 誤り。腰部保護ベルトは、個人により効果が異なるため、一律に使用するのではなく、個人ごとに効果を確認してから使用の適否を判断する。

(2) 誤り。満18歳以上の男子労働者が人力のみで取り扱う物の重量は、体重のおおむね40％以下となるようにする。

(3) 正しい。

(4) 誤り。1年以内ごとではなく、6か月以内ごとに1回、健康診断を行う。

(5) 誤り。床面が硬い場合は、立っているだけでも腰部への衝撃が大きいので、クッション性のある作業靴やマットを利用して、衝撃を緩和する。

解答 (3)

問47　厚生労働省の「職場における腰痛予防対策指針」に基づく腰痛予防対策
□□　に関する次の記述のうち、正しいものはどれか。

(1)　作業動作、作業姿勢についての作業標準の策定は、その作業に従事する全て
　　の労働者に一律な作業をさせることになり、個々の労働者の腰痛の発生要因の
　　排除又は低減ができないため、腰痛の予防対策としては適切ではない。

(2)　重量物取扱い作業の場合、満18歳以上の男性労働者が人力のみにより取り扱
　　う物の重量は、体重のおおむね50％以下となるようにする。

(3)　重量物取扱い作業の場合、満18歳以上の女性労働者が人力のみにより取り扱
　　う物の重量は、男性が取り扱うことのできる重量の60％位までとする。

(4)　重量物取扱い作業に常時従事する労働者に対しては、当該作業に配置する際
　　及びその後1年以内ごとに1回、定期に、医師による腰痛の健康診断を行う。

(5)　腰部保護ベルトは、重量物取扱い作業に従事する労働者全員に使用させるよ
　　うにする。

【R4年4月／問16】

解説

(1)　誤り。「職場における腰痛予防対策指針」では、腰痛の発生要因を排除又は低
　　減できるよう、作業動作・作業姿勢・作業手順・作業時間等について、作業標
　　準を策定することになっている。

(2)　誤り。満18歳以上の男子労働者が人力のみで取り扱う物の重量は、体重のお
　　おむね40％以下となるようにする。

(3)　正しい。

(4)　誤り。1年以内ごとではなく、6か月以内ごとに1回、健康診断を行う。

(5)　誤り。腰部保護ベルトは、個人により効果が異なるため、一律に使用するの
　　ではなく、個人ごとに効果を確認してから使用の適否を判断する。

解答　(3)

問48 厚生労働省の「職場における腰痛予防対策指針」に基づく腰痛予防対策
□□ に関する次の記述のうち、正しいものはどれか。

(1) 腰部保護ベルトは、重量物取扱い作業に従事する労働者全員に使用させるよ
うにする。

(2) 重量物取扱い作業の場合、満18歳以上の男子労働者が人力のみで取り扱う物
の重量は、体重のおおむね50％以下となるようにする。

(3) 重量物取扱い作業に常時従事する労働者に対しては、当該作業に配置する際
及びその後１年以内ごとに１回、定期に、医師による腰痛の健康診断を行う。

(4) 立ち作業の場合は、身体を安定に保持するため、床面は弾力性のない硬い素
材とし、クッション性のない作業靴を使用する。

(5) 腰掛け作業の場合の作業姿勢は、椅子に深く腰を掛けて、背もたれで体幹を
支え、履物の足裏全体が床に接する姿勢を基本とする。

【R3年10月／問15】

※ R2年10月／問16は類似問題

解説 ────────────────────────────

(1) 誤り。腰部保護ベルトは、個人により効果が異なるため、一律に使用するの
ではなく、個人ごとに効果を確認してから使用の適否を判断する。

(2) 誤り。満18歳以上の男子労働者が人力のみで取り扱う物の重量は、体重のお
おむね40％以下となるようにする。

(3) 誤り。１年以内ごとではなく、６か月以内ごとに１回、健康診断を行う。

(4) 誤り。床面が硬い場合は、立っているだけでも腰部への衝撃が大きいので、
クッション性のある作業靴やマットを利用して、衝撃を緩和する。

(5) 正しい。

解答 (5)

問49　厚生労働省の「職場における腰痛予防対策指針」に基づく、重量物取扱
□□　い作業における腰痛予防対策に関する次の記述のうち、誤っているものは
　　どれか。

(1)　労働者全員に腰部保護ベルトを使用させる。

(2)　取り扱う物の重量をできるだけ明示し、著しく重心の偏っている荷物は、そ
　　の旨を明示する。

(3)　重量物を取り扱うときは、急激な身体の移動をなくし、前屈やひねり等の不
　　自然な姿勢はとらず、かつ、身体の重心の移動を少なくする等、できるだけ腰
　　部に負担をかけない姿勢で行う。

(4)　重量物を持ち上げるときには、できるだけ身体を対象物に近づけ、重心を低
　　くするような姿勢をとる。

(5)　重量物取扱い作業に常時従事する労働者に対しては、当該作業に配置する際
　　及びその後6か月以内ごとに1回、定期に、医師による腰痛の健康診断を行う。

【R3年4月／問20】

※ R1年10月／問15は類似問題

解説

(1)　誤り。腰部保護ベルトは、個人により効果が異なるため、一律に使用するの
　　ではなく、個人ごとに効果を確認してから使用の適否を判断する。

(2)　正しい。

(3)　正しい。

(4)　正しい。

(5)　正しい。

解答　(1)

問50　厚生労働省の「職場における腰痛予防対策指針」に基づく、重量物取扱い作業などにおける腰痛予防対策に関する次の記述のうち、正しいものはどれか。

(1)　満18歳以上の男子労働者が人力のみで取り扱う物の重量は、体重のおおむね50％以下となるようにする。

(2)　腰部保護ベルトは、全員に使用させるようにする。

(3)　重量物を持ち上げるときは、できるだけ身体を対象物に近づけ、両膝を伸ばしたまま上体を下方に曲げる前屈姿勢を取る。

(4)　腰掛け作業での作業姿勢は、椅子に深く腰を掛けて、背もたれで体幹を支え、履物の足裏全体が床に接する姿勢を基本とする。

(5)　立ち作業では、身体を安定に保持するため、床面は弾力性のない硬い素材とし、クッション性のない作業靴を使用する。

【R2年4月／問20】

解説

(1)　誤り。満18歳以上の男子労働者が人力のみで取り扱う物の重量は、体重のおおむね40％以下となるようにする。

(2)　誤り。腰部保護ベルトは、個人により効果が異なるため、一律に使用するのではなく、個人ごとに効果を確認してから使用の適否を判断する。

(3)　誤り。重量物を持ち上げるときは、できるだけ身体を対象物に近づけ、重心を低くするような姿勢をとる。

(4)　正しい。

(5)　誤り。床面が硬い場合は、立っているだけでも腰部への衝撃が大きいのでクッション性のある作業靴やマットを利用して、衝撃を緩和する。

解答　(4)

問51　厚生労働省の「職場における腰痛予防対策指針」に基づく、重量物取扱い作業などにおける腰痛予防対策に関する次の記述のうち、正しいものはどれか。

(1) 満18歳以上の男子労働者が人力のみで取り扱う物の重量は、体重のおおむね50%以下となるようにする。

(2) 腰部保護ベルトは、全員に使用させるようにする。

(3) 立ち作業時は身体を安定に保持するため、床面は弾力性のない硬い素材とする。

(4) 腰掛け作業の場合の作業姿勢は、椅子に深く腰を掛けて、背もたれで体幹を支え、履物の足裏全体が床に接する姿勢を基本とする。

(5) 腰部に著しい負担のかかる作業に常時従事する労働者に対しては、1年以内ごとに1回、定期に、腰痛の健康診断を実施する。

【H31年4月／問14】

解説

(1) 誤り。満18歳以上の男子労働者が人力のみで取り扱う物の重量は、体重のおおむね40%以下となるようにする。

(2) 誤り。腰部保護ベルトは、個人により効果が異なるため、一律に使用するのではなく、個人ごとに効果を確認してから使用の適否を判断する。

(3) 誤り。床面が硬い場合は、立っているだけでも腰部への衝撃が大きいので、クッション性のある作業靴やマットを利用して、衝撃を緩和する。

(4) 正しい。

(5) 誤り。1年以内ごとではなく、6か月以内ごとに1回、健康診断を行う。

解答 (4)

Ⅱ労働衛生

解答にあたってのポイント

・「職場における腰痛予防対策指針」についての問題である。**テキスト「衛生管理（上）」の「第6章3(5)」腰痛健康診断の実施項目**について理解しておく。また、同指針の作業管理における対策については、**同テキストの「第5章4(1)」**の解説を参照。

・腰痛健康診断の実施項目

1　配置前健康診断

① 既往歴（腰痛に関する病歴及びその経過）及び業務歴の調査

② 自覚症状（腰痛、下肢痛、下肢筋力減退、知覚障害等）の有無の検査

③ 脊柱の検査：姿勢異常、脊柱の変形、脊柱の可動性及び疼痛、腰背筋の緊張及び圧痛、脊椎棘突起の圧痛等の検査

④ 神経学的検査：神経伸展試験、深部腱反射、知覚検査、筋萎縮等の検査

⑤ 脊柱機能検査：クラウス・ウェーバーテスト又はその変法（腹筋力、背筋力等の機能のテスト）

⑥ 医師が必要と認める者について画像診断と運動機能テスト等

2　定期健康診断（6か月以内ごとに1回、定期に実施）

1の①と②

（①、②の結果、医師が必要と認める者に行う追加項目）

・1の③、④、⑥

12　一次救命処置

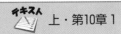

上・第10章 1

問52　一次救命処置に関する次の記述のうち、誤っているものはどれか。

(1)　傷病者に反応がある場合は、回復体位をとらせて安静にして、経過を観察する。

(2)　一次救命処置は、できる限り単独で行うことは避ける。

(3)　口対口人工呼吸は、傷病者の鼻をつまみ、1回の吹き込みに3秒以上かけて傷病者の胸の盛り上がりが見える程度まで吹き込む。

(4)　胸骨圧迫は、胸が約5cm沈む強さで、1分間に100～120回のテンポで行う。

(5)　AED（自動体外式除細動器）による心電図の自動解析の結果、「ショックは不要です」などのメッセージが流れた場合には、すぐに胸骨圧迫を再開し心肺蘇生を続ける。

【R3年4月／問18】

※R2年4月／問16は類似問題

解説

(1)　正しい

(2)　正しい。

(3)　誤り。口対口人工呼吸は、傷病者の鼻をつまみ、1回の吹き込みに約1秒かけて傷病者の胸が上がるのが見てわかる程度の量を吹き込む。

(4)　正しい。

(5)　正しい。

解答　(3)

Ⅱ
労働衛生

　　　一次救命処置に関する次の記述のうち、正しいものはどれか。

□□

(1)　呼吸を確認して普段どおりの息（正常な呼吸）がない場合や約1分間観察しても判断できない場合は、心肺停止とみなし、心肺蘇生を開始する。

(2)　心肺蘇生は、胸骨圧迫のみではなく、必ず胸骨圧迫と人工呼吸を組み合わせて行う。

(3)　胸骨圧迫は、胸が約5cm沈む強さで胸骨の下半分を圧迫し、1分間に少なくとも60回のテンポで行う。

(4)　気道が確保されていない状態で人工呼吸を行うと、吹き込んだ息が胃に流入し、胃が膨張して内容物が口の方に逆流し気道閉塞を招くことがある。

(5)　口対口人工呼吸は、傷病者の鼻をつまみ、1回の吹き込みに3秒以上かけて行う。　　　　　　　　　　　　　　　　　　　　　　　　【R2年10月／問18】

解説

(1)　誤り。「約1分間」ではなく、「10秒以内」。

(2)　誤り。人工呼吸のやり方に自信がない場合や人工呼吸を行うことにためらいがある場合には、胸骨圧迫のみを続ける。

(3)　誤り。1分間に「約60回」ではなく、「100〜120回」のテンポで行う。なお、胸骨圧迫は胸が約5cm沈む強さで、胸骨の下半分（胸の上下・左右の真ん中が目安）を圧迫する。

(4)　正しい。

(5)　誤り。口対口人工呼吸は、傷病者の鼻をつまみ、1回の吹き込みに約1秒かけて傷病者の胸が上がるのが見てわかる程度の量を吹き込む。

解答　(4)

問54　一次救命処置に関する次の記述のうち、誤っているものはどれか。

☐☐

(1)　傷病者の肩を軽くたたきながら「大丈夫ですか？」と呼びかけて、反応がない場合は、その場で大声で叫んで周囲の注意を喚起し、応援を呼ぶ。

(2)　反応はないが普段どおりの呼吸をしている傷病者は、安静にして、経過を観察する。

(3)　人工呼吸が可能な場合、心肺蘇生は、胸骨圧迫30回に人工呼吸 2 回を繰り返して行う。

(4)　口対口人工呼吸は、傷病者の鼻をつまみ、 1 回の吹き込みに約 3 秒かけて傷病者の胸の盛り上がりが確認できる程度まで吹き込む。

(5)　胸骨圧迫は、胸が約 5 cm 沈む強さで、 1 分間に100〜120回のテンポで行う。

【R1年10月／問20】

解　説

(1)　正しい。

(2)　正しい。

(3)　正しい。

(4)　誤り。口対口人工呼吸は、傷病者の鼻をつまみ、 1 回の吹き込みに約 1 秒かけて傷病者の胸が上がるのが見てわかる程度の量を吹き込む。

(5)　正しい。

解答　(4)

問55　一次救命処置に関する次の記述のうち、誤っているものはどれか。
☐☐

(1)　傷病者の反応がない場合は、その場で大声で叫んで周囲の注意を喚起し、協力者を確保する。

(2)　周囲に協力者がいる場合は、119番通報や AED（自動体外式除細動器）の手配を依頼する。

(3)　口対口人工呼吸は、傷病者の気道を確保してから鼻をつまみ、1回の吹き込みに約3秒かけて傷病者の胸の盛り上がりが見える程度まで吹き込む。

(4)　胸骨圧迫は、胸が約5 cm沈む強さで、1分間に100〜120回のテンポで行う。

(5)　AED を用いた場合、心電図の自動解析の結果「ショックは不要です」などのメッセージが流れたときには、胸骨圧迫を開始し心肺蘇生を続ける。

【H31年4月／問16】

解説

(1)　正しい。

(2)　正しい。

(3)　誤り。口対口人工呼吸は、傷病者の鼻をつまみ、1回の吹き込みに約1秒かけて傷病者の胸が上がるのが見てわかる程度の量を吹き込む。

(4)　正しい。

(5)　正しい。

解答　(3)

解答にあたってのポイント

○一次救命処置に関する問題である。出題頻度も多く、衛生管理を行う上でも重要であるため、日本蘇生協議会（JRC）監修の「JRC 蘇生ガイドライン2020」と、同ガイドラインに準拠し、日本救急医療財団心肺蘇生法委員会監修により作成された「改訂6版　救急蘇生法の指針2020（市民用）」および「同（市民用・解説編）」（へるす出版）の一次救命処置の流れは覚えておく必要がある（次頁参照）。

Ⅱ　労働衛生

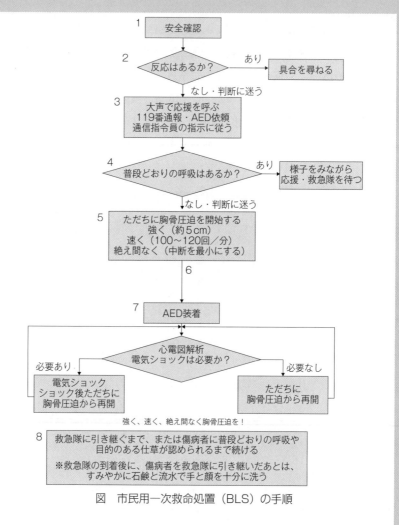

1 安全確認

2 反応はあるか？ ──あり──→ 具合を尋ねる

なし・判断に迷う

3 大声で応援を呼ぶ
119番通報・AED依頼
通信指令員の指示に従う

4 普段どおりの呼吸はあるか？ ──あり──→ 様子をみながら
応援・救急隊を待つ

なし・判断に迷う

5 ただちに胸骨圧迫を開始する
強く（約5cm）
速く（100～120回／分）
絶え間なく（中断を最小にする）

6

7 AED装着

心電図解析
電気ショックは必要か？

必要あり

電気ショック
ショック後ただちに
胸骨圧迫から再開

必要なし

ただちに
胸骨圧迫から再開

強く、速く、絶え間なく胸骨圧迫を！

8 救急隊に引き継ぐまで、または傷病者に普段どおりの呼吸や
目的のある仕草が認められるまで続ける

※救急隊の到着後に、傷病者を救急隊に引き継いだあとは、
すみやかに石鹸と流水で手と顔を十分に洗う

図　市民用一次救命処置（BLS）の手順

〔出典：一般社団法人日本蘇生協議会監修「JRC 蘇生ガイドライン2020」医学書院、
　　2021年。一部改変〕

13 応急手当

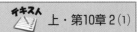

上・第10章 2 (1)

問56　　出血及び止血法並びにその救急処置に関する次の記述のうち、誤っているものはどれか。

(1)　体内の全血液量は、体重の約13分の1で、その約3分の1を短時間に失うと生命が危険な状態となる。

(2)　傷口が泥で汚れているときは、手際良く水道水で洗い流す。

(3)　止血法には、直接圧迫法、間接圧迫法などがあるが、一般人が行う応急手当としては直接圧迫法が推奨されている。

(4)　静脈性出血は、擦り傷のときにみられ、傷口から少しずつにじみ出るような出血である。

(5)　止血帯を施した後、受傷者を医師に引き継ぐまでに30分以上かかる場合には、止血帯を施してから30分ごとに1〜2分間、出血部から血液がにじんでくる程度まで結び目をゆるめる。

【R3年10月／問16】

解説

(1)　正しい

(2)　正しい。

(3)　正しい。

(4)　誤り。静脈性出血は、浅い切り傷のときにみられ、傷口からゆっくり持続的に湧き出るような出血である。擦り傷のときにみられ、傷口から少しずつにじみ出るような出血は毛細血管性出血である。

(5)　正しい。なお、「JRC 蘇生ガイドライン2020」では、原則として救急隊が到着するまで結び目は「ゆるめない」としている。

解答　(4)

問57　出血及び止血法並びにその救急処置に関する次の記述のうち、誤っているものはどれか。

(1)　体内の全血液量は、体重の約13分の1で、その約3分の1を短時間に失うと生命が危険な状態となる。

(2)　傷口が泥で汚れているときは、手際良く水道水で洗い流す。

(3)　止血法には、直接圧迫法、間接圧迫法などがあるが、一般人が行う応急手当としては直接圧迫法が推奨されている。

(4)　毛細血管性出血は、浅い切り傷のときにみられ、傷口からゆっくり持続的に湧き出るような出血である。

(5)　止血帯を施した後、受傷者を医師に引き継ぐまでに30分以上かかる場合には、止血帯を施してから30分ごとに1～2分間、出血部から血液がにじんでくる程度まで結び目をゆるめる。

【R3年4月／問17】

解説

(1)　正しい。

(2)　正しい。

(3)　正しい。

(4)　誤り。毛細血管性出血は、擦り傷のときにみられ、傷口から少しずつにじみ出るような出血である。浅い切り傷のときにみられ、傷口からゆっくり持続的に湧き出るような出血は静脈性出血である。

(5)　正しい。なお、「JRC蘇生ガイドライン2020」では、原則として救急隊が到着するまで結び目は「ゆるめない」としている。

解答　(4)

問58　出血及び止血法並びにその救急処置に関する次の記述のうち、誤っているものはどれか。

(1)　体内の全血液量は、体重の約8％で、その約3分の1を短時間に失うと生命が危険な状態となる。

(2)　止血法には、直接圧迫法、間接圧迫法などがあるが、一般人が行う応急手当としては直接圧迫法が推奨されている。

(3)　静脈性出血は、傷口からゆっくり持続的に湧き出るような出血で、通常、直接圧迫法で止血する。

(4)　止血帯を施した後、受傷者を医師に引き継ぐまでに1時間以上かかる場合には、止血帯を施してから1時間ごとに1〜2分間、出血部から血液がにじんでくる程度まで結び目をゆるめる。

(5)　傷口が泥で汚れているときは、手際良く水道水で洗い流す。

【R1年10月／問17】

解説

(1)　正しい。

(2)　正しい。

(3)　正しい。

(4)　誤り。止血法では、一般に、直接圧迫法が推奨されている。止血帯法等は危険を伴う場合もあるため、救急隊の指示に従うことが基本である。救急隊に引き継げない場合として、30分以上止血を続ける場合には止血帯を施してから30分ごとに1〜2分間、出血部から血液がにじんでくる程度まで結び目をゆるめる。なお、「JRC蘇生ガイドライン2020」では、原則として救急隊が到着するまで結び目は「ゆるめない」としている。

(5)　正しい。

解答　(4)

問59　出血及び止血法並びにその救急処置に関する次の記述のうち、誤っているものはどれか。

(1)　体内の全血液量は、体重の約 8 ％で、その約 3 分の 1 を短時間に失うと生命が危険な状態となる。

(2)　止血法には、直接圧迫法、間接圧迫法などがあるが、一般人が行う応急手当としては直接圧迫法が推奨されている。

(3)　静脈性出血は、傷口からゆっくり持続的に湧き出るような出血で、通常、直接圧迫法で止血する。

(4)　止血帯を施した後、受傷者を医師に引き継ぐまでに 1 時間以上かかる場合には、止血帯を施してから 1 時間ごとに 1 ～ 2 分間、出血部から血液がにじんでくる程度まで結び目をゆるめる。

(5)　止血を行うときは、処置者の感染防止のため、ビニール手袋を着用したりビニール袋を活用したりして、受傷者の血液に直接触れないようにする。

【H31年 4 月／問18】

解説

(1)　正しい。

(2)　正しい。

(3)　正しい。

(4)　誤り。止血法では、一般に、直接圧迫法が推奨されている。止血帯法等は危険を伴う場合もあるため、救急隊の指示に従うことが基本である。救急隊に引き継げない場合として、30分以上止血を続ける場合には止血帯を施してから30分ごとに 1 ～ 2 分間、出血部から血液がにじんでくる程度まで結び目をゆるめる。なお、「JRC 蘇生ガイドライン2020」では、原則として救急隊が到着するまで結び目は「ゆるめない」としている。

(5)　正しい。

解答　(4)

問60 出血及び止血法に関する次の記述のうち、誤っているものはどれか。
□□

(1) 体内の全血液量は、体重の13分の1程度で、その約3分の1を短時間に失うと生命が危険な状態となる。

(2) 動脈性出血は、鮮紅色を呈する拍動性の出血で、出血量が多いため、早急に、細いゴムひもなどを止血帯として用いて止血する。

(3) 静脈性出血は、傷口からゆっくり持続的に湧き出るような出血で、通常、直接圧迫法で止血する。

(4) 内出血は、胸腔、腹腔などの体腔内や皮下などの軟部組織への出血で、血液が体外に流出しないものである。

(5) 間接圧迫法は、出血部位より心臓に近い部位の動脈を圧迫する方法で、それぞれの部位の止血点を指で骨に向けて強く圧迫するのがコツである。

【R2年10月／問20】

解説

(1) 正しい。

(2) 誤り。止血帯は幅が細いものであると、神経や皮下組織を損傷してしまうため、用いてはならない。ネクタイなどの3cm以上幅がある帯を用いる。一般市民が行う応急手当としては推奨されていない。

(3) 正しい。

(4) 正しい。

(5) 正しい。

解答 (2)

II 労働衛生

問61　骨折及びその救急処置に関する次の記述のうち、正しいものはどれか。
☐☐

(1) 骨にひびが入った状態は、単純骨折である。

(2) 複雑骨折とは、骨が多数の骨片に破砕された状態をいう。

(3) 開放骨折では、感染を防ぐため、骨折部を皮膚の下に戻してから副子で固定する。

(4) 不完全骨折では、変形や骨折端どうしが擦れ合う軋轢音^{あつれき}が認められる。

(5) 脊髄損傷が疑われる負傷者を搬送するときには、柔らかいマットの上に乗せるようにする。

【R1年10月／問18】

解　説

(1) 正しい。

(2) 誤り。複雑骨折とは、骨折と同時に皮膚が破れ、骨折部が露出した開放性の骨折をいう。骨折部が外気にふれるため、感染を生じやすい。骨折部が複雑に粉砕したものは粉砕骨折といい、皮膚に損傷がなければ単純骨折に分類される。

(3) 誤り。皮膚を突出している骨は戻さず、骨折部を動かさないように固定し、ただちに医療機関に搬送する。

(4) 誤り。完全骨折では、変形や骨折端どうしが擦れ合う軋轢音が認められる。なお、軋轢音が認められても、無理に患部を動かして音の有無を確認してはいけない。

(5) 誤り。負傷者を搬送する必要がある場合には、損傷部位である脊柱^{せきちゅう}の動きを最小限にしなければならないため、脊柱が曲がらないように硬い板の上に乗せて搬送する。

解答　(1)

解答にあたってのポイント

○出血及び止血法に関する問題である。最近の出題頻度は少ないが、過去には何度か出題されている。基本をおさえておけば解きやすいので、ポイントはおさえておきたい。

・体内の全血液量の3分の1程度の量が急に失われると心臓から送り出される血液が減って、心臓が空回りして組織に酸素が運ばれなくなり、出血によるショックを起こす。また、より大量出血すると生命に危険が及ぶ。

<止血法>

直接圧迫法…出血部を直接圧迫する方法。

四肢の出血については、この方法が簡単であり、確実である。そのため一般市民が行う応急手当として推奨されている。

間接圧迫法…出血部位より心臓に近い部位の動脈を圧迫する。

一般市民が行う応急手当としては、推奨されていない。

止 血 帯 法…ケガや大量出血部位から心臓側を縛って血流を遮断する方法。止血帯は3 cm以上幅がある帯を用いる。一般市民が行う応急手当としては、推奨されていない。

・止血処置を行うときは、感染防止のため、ビニール手袋を着用したり、ビニール袋を活用したりして、血液に直接触れないようにする。特に創傷がある者が処置の手伝いをする場合は、感染に注意をする。

○熱傷（火傷）については、以下のポイントをおさえる。

・熱傷（火傷）の分類

Ⅰ度：皮膚が赤くなり、ヒリヒリと痛い。

Ⅱ度：水疱ができ、赤くはれる。

Ⅲ度：皮膚は白っぽくなり、ただれてくる。（最も重症）

○応急手当については、以下のポイントをおさえる。

・軟膏、油類、中和剤、民間療法などは原則用いない。基本は、水道水で冷却することである。ただし、熱傷の範囲が広い場合、全体を冷却し続けることは低体温となるおそれがあるので注意が必要である。

・水疱を破ると感染を起こしやすくなるため、破らずきれいなガーゼで覆う。

・衣類を脱がす必要があるときは、熱傷面に付着している衣類は残して、その周囲の部分だけを切り取る。アスファルトやタールなどが皮膚に付着した場合は、無理に取り除くことはしない。

○低温熱傷については、以下のポイントをおさえる。

・暖房器具など45℃程度の熱源への長時間接触による低温熱傷は、一見、軽症に見えても熱傷深度は深く、難治性の場合が多い。

○骨折に関する問題である。比較的出題が多く、類似の問題も多いことから、骨折の種類と説明についてきちんと把握しておきたい。

単純骨折（閉鎖骨折）・・・皮膚の下で骨にひびが入りまたは折れているが皮膚にまで損傷が及んでいない状態。

複雑骨折（開放骨折）・・・皮膚及び皮下組織の損傷を伴い、骨折部が外気にふれることから感染が起こりやすい。

不完全骨折・・・骨にひびが入った状態。

完全骨折・・・骨組織が完全に離断した状態。

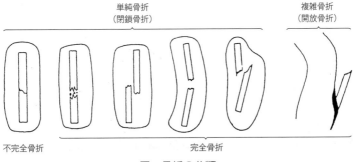

図　骨折の分類

・副子は上下の関節を含めて固定することのできる十分な、長さと強さと幅があるものを使用する。副子の先端は、手先や足先から出てもよい。

・創傷や出血があるときは、まずその手当をしてから、副子で固定する。

・脊髄損傷は、脊柱の骨折や脱臼時に起こる。傷病者を搬送する必要がある場合には、損傷部位である脊柱の動きを最小限にしなければならないため、脊柱が曲がらないように、硬い板の上に乗せて搬送する。

問62　食中毒に関する次の記述のうち、正しいものはどれか。
□□

(1)　感染型食中毒は、食物に付着した細菌そのものの感染によって起こる食中毒で、サルモネラ菌によるものがある。

(2)　赤身魚などに含まれるヒスチジンが細菌により分解されて生成されるヒスタミンは、加熱調理によって分解する。

(3)　エンテロトキシンは、フグ毒の主成分で、手足のしびれや呼吸麻痺を起こす。

(4)　カンピロバクターは、カビの産生する毒素で、腹痛や下痢を起こす。

(5)　ボツリヌス菌は、缶詰や真空パックなど酸素のない密封食品中でも増殖するが、熱には弱く、60℃、10分間程度の加熱で殺菌することができる。

【R5年10月／問19】

解説

(1)　正しい。

(2)　誤り。ヒスタミンによる食中毒は化学性食中毒に分類され、調理程度の加熱では分解されない。

(3)　誤り。エンテロトキシンは、毒素型の細菌が産生する毒素の総称である。

(4)　誤り。カンピロバクターは、鶏や牛などの腸に住む細菌で、食品や飲料水を通じて感染する。

(5)　誤り。ボツリヌス菌は、缶詰や真空パックなど酸素のない密封食品中でも増殖するが、熱には強く、菌が芽胞の形態になると長時間煮沸しても死滅しない。

解答　(1)

問63 食中毒に関する次の記述のうち、誤っているものはどれか。

□□

(1) 黄色ブドウ球菌による食中毒は、食品に付着した菌が食品中で増殖した際に生じる毒素により発症する。

(2) サルモネラ菌による食中毒は、鶏卵が原因となることがある。

(3) 腸炎ビブリオ菌は、熱に強い。

(4) ボツリヌス菌は、缶詰、真空パック食品など酸素のない食品中で増殖して毒性の強い神経毒を産生し、筋肉の麻痺症状を起こす。

(5) ノロウイルスの失活化には、煮沸消毒又は塩素系の消毒剤が効果的である。

【R5年4月／問18】

解説

(1) 正しい。

(2) 正しい。

(3) 誤り。腸炎ビブリオ菌は海水中などに生息し、病原性好塩菌ともいわれ塩水を好むが、真水や熱に弱い。

(4) 正しい。

(5) 正しい。

解答 (3)

問64　　食中毒に関する次の記述のうち、誤っているものはどれか。

□□

(1)　毒素型食中毒は、食物に付着した細菌により産生された毒素によって起こる食中毒で、ボツリヌス菌によるものがある。

(2)　感染型食中毒は、食物に付着した細菌そのものの感染によって起こる食中毒で、サルモネラ菌によるものがある。

(3)　O-157は、ベロ毒素を産生する大腸菌で、腹痛や出血を伴う水様性の下痢などを起こす。

(4)　ノロウイルスによる食中毒は、冬季に集団食中毒として発生することが多く、潜伏期間は、1～2日間である。

(5)　腸炎ビブリオ菌は、熱に強い。

【R4年10月／問20】

解説

(1)　正しい。

(2)　正しい。

(3)　正しい。

(4)　正しい。

(5)　誤り。腸炎ビブリオ菌は海水中などに生息し、病原性好塩菌ともいわれ塩水を好むが、真水や熱に弱い。

解答　(5)

問65　食中毒に関する次の記述のうち、正しいものはどれか。
□□

(1)　毒素型食中毒は、食物に付着した細菌により産生された毒素によって起こる食中毒で、サルモネラ菌によるものがある。

(2)　感染型食中毒は、食物に付着した細菌そのものの感染によって起こる食中毒で、黄色ブドウ球菌によるものがある。

(3)　O-157は、腸管出血性大腸菌の一種で、加熱不足の食肉などから摂取され、潜伏期間は3〜5日である。

(4)　ボツリヌス菌は、缶詰や真空パックなど酸素のない密封食品中でも増殖するが、熱には弱く、60℃、10分間程度の加熱で殺菌することができる。

(5)　ノロウイルスによる食中毒は、ウイルスに汚染された食品を摂取することにより発症し、夏季に集団食中毒として発生することが多い。

【R4年4月／問19】

解説

(1)　誤り。サルモネラ菌による食中毒は、感染型に分類され、増殖した細菌そのものが食中毒の原因となる。細菌が産生した毒素が食中毒の原因となる毒素型ではない。

(2)　誤り。黄色ブドウ球菌による食中毒は、細菌が食品中で増殖する際に産生する毒素を、食品とともに摂取することによって起こる。細菌そのものが食中毒の原因となる感染型ではない。

(3)　正しい。

(4)　誤り。ボツリヌス菌は、缶詰や真空パックなど酸素のない密封食品中でも増殖するが、熱には強く、菌が芽胞の形態になると長時間煮沸しても死滅しない。

(5)　誤り。ノロウイルスは、手指、食品などを介して経口で感染し、腸管で増殖して、嘔吐、下痢、腹痛などの急性胃腸炎を起こすもので、冬季に集団食中毒として発生することが多い。

解答　(3)

問66　食中毒に関する次の記述のうち、誤っているものはどれか。

□□

(1)　サルモネラ菌による食中毒は、食品に付着した菌が食品中で増殖した際に生じる毒素により発症する。

(2)　ボツリヌス菌による毒素は、神経毒である。

(3)　黄色ブドウ球菌による毒素は、熱に強い。

(4)　腸炎ビブリオ菌は、病原性好塩菌ともいわれる。

(5)　ウェルシュ菌、セレウス菌及びカンピロバクターは、いずれも細菌性食中毒の原因菌である。

【R2年10月／問19】

解 説

(1)　誤り。サルモネラ菌による食中毒は、感染型に分類され、増殖した細菌そのものが食中毒の原因となる。細菌が産生した毒素が食中毒の原因となる毒素型ではない。

(2)　正しい。

(3)　正しい。

(4)　正しい。

(5)　正しい。

解答　(1)

問67　食中毒に関する次の記述のうち、正しいものはどれか。

□□

(1)　毒素型食中毒は、食物に付着した細菌が増殖する際に産生した毒素によって起こる食中毒で、代表的なものとしてサルモネラ菌によるものがある。

(2)　感染型食中毒は、食物に付着した細菌そのものの感染によって起こる食中毒で、代表的なものとして黄色ブドウ球菌によるものがある。

(3)　ボツリヌス菌は、缶詰、真空パック食品など、酸素のない食品中で増殖し、毒性の強い神経毒を産生する。

(4)　カンピロバクターは、カビの産生する毒素で、腹痛や下痢を起こす。

(5)　エンテロトキシンは、フグ毒の主成分で、手足のしびれや呼吸麻痺を起こす。

【R1年10月／問19】

解説

(1)　誤り。サルモネラ菌による食中毒は、感染型に分類され、増殖した細菌そのものが食中毒の原因となる。細菌が産生した毒素が食中毒の原因となる毒素型ではない。

(2)　誤り。黄色ブドウ球菌による食中毒は、細菌が食品中で増殖する際に産生する毒素を、食品とともに摂取することによって起こる。細菌そのものが食中毒の原因となる感染型ではない。

(3)　正しい。

(4)　誤り。カンピロバクターは、鶏や牛などの腸に住む細菌で、食品や飲料水を通じて感染する。

(5)　誤り。エンテロトキシンは、毒素型の細菌が産生する毒素の総称である。

解答　(3)

問68　食中毒に関する次の記述のうち、正しいものはどれか。

□□

(1)　毒素型食中毒は、食物に付着した細菌により産生された毒素によって起こる食中毒で、代表的なものとしてサルモネラ菌によるものがある。

(2)　感染型食中毒は、食物に付着した細菌そのものの感染によって起こる食中毒で、代表的なものとして黄色ブドウ球菌によるものがある。

(3)　O-157は、腸管出血性大腸菌の一種で、加熱不足の食肉などから摂取され、潜伏期間は 3 ～ 5 日である。

(4)　ボツリヌス菌は、缶詰や真空パックなど酸素のない密封食品中でも増殖するが、熱には弱く、80℃程度で殺菌することができる。

(5)　赤身魚などに含まれるヒスチジンが細菌により分解されて生成されるヒスタミンは、加熱調理によって分解する。

【H31年 4 月／問19】

解説

(1)　誤り。サルモネラ菌による食中毒は、感染型に分類され、増殖した細菌そのものが食中毒の原因となる。細菌が産生した毒素が食中毒の原因となる毒素型ではない。

(2)　誤り。黄色ブドウ球菌による食中毒は、細菌が食品中で増殖する際に産生する毒素を、食品とともに摂取することによって起こる。細菌そのものが食中毒の原因となる感染型ではない。

(3)　正しい。

(4)　誤り。ボツリヌス菌は、缶詰や真空パックなど酸素のない密封食品中でも増殖するが、熱には強く、菌が芽胞の形態になると長時間煮沸しても死滅しない。

(5)　誤り。ヒスタミンは、加熱調理しても分解されにくいため、予防には低温保存を徹底する。

解答　(3)

問69　　　細菌性食中毒に関する次の記述のうち、誤っているものはどれか。

□□

(1)　黄色ブドウ球菌による毒素は、熱に強い。

(2)　ボツリヌス菌による毒素は、神経毒である。

(3)　腸炎ビブリオ菌は、病原性好塩菌ともいわれる。

(4)　サルモネラ菌による食中毒は、食品に付着した細菌が食品中で増殖した際に生じる毒素により発症する。

(5)　ウェルシュ菌、セレウス菌及びカンピロバクターは、いずれも細菌性食中毒の原因菌である。

【R3年10月／問18】

※ R3年・R2年 4 月／問19は類似問題

（解 説）

(1)　正しい

(2)　正しい。

(3)　正しい。

(4)　誤り。サルモネラ菌による食中毒は、感染型に分類され、増殖した細菌そのものが食中毒の原因となる。細菌が産生した毒素が食中毒の原因となる毒素型ではない。

(5)　正しい。

〔解答　(4)〕

解答にあたってのポイント

・感染型と毒素型の細菌性食中毒とその代表的な原因菌の特徴について、テキスト「衛生管理（上）」の「第3章3(3)」を参照して、理解しておく。

・原因別の食中毒の分類とその例

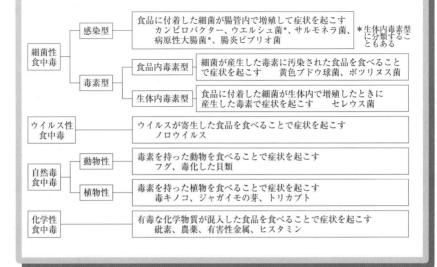

15　脳血管障害と虚血性心疾患 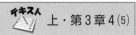 上・第3章4(5)

問70　脳血管障害及び虚血性心疾患に関する次の記述のうち、誤っているもの
□□　はどれか。

(1)　虚血性の脳血管障害である脳梗塞は、脳血管自体の動脈硬化性病変による脳
　　血栓症と、心臓や動脈壁の血栓が剥がれて脳血管を閉塞する脳塞栓症に分類さ
　　れる。

(2)　くも膜下出血は、通常、脳動脈瘤（りゅう）が破れて数日後、激しい頭痛で発症する。

(3)　虚血性心疾患は、冠動脈による心筋への血液の供給が不足したり途絶えるこ
　　とにより起こる心筋障害である。

(4)　心筋梗塞では、突然激しい胸痛が起こり、「締め付けられるように痛い」、「胸
　　が苦しい」などの症状が、1時間以上続くこともある。

(5)　運動負荷心電図検査は、虚血性心疾患の発見に有用である。

【R5年10月／問18】

解説

(1)　正しい。

(2)　誤り。くも膜下出血は、脳動脈瘤（りゅう）が破れることにより発症し、突然今までに
　　経験したことがないような激しい頭痛が起こる。

(3)　正しい。

(4)　正しい。

(5)　正しい。

解答　(2)

問71 脳血管障害及び虚血性心疾患に関する次の記述のうち、誤っているもの
□□ はどれか。

(1) 出血性の脳血管障害は、脳表面のくも膜下腔に出血するくも膜下出血、脳実
質内に出血する脳出血などに分類される。

(2) 虚血性の脳血管障害である脳梗塞は、脳血管自体の動脈硬化性病変による脳
塞栓症と、心臓や動脈壁の血栓が剥がれて脳血管を閉塞する脳血栓症に分類さ
れる。

(3) 高血圧性脳症は、急激な血圧上昇が誘因となって、脳が腫脹する病気で、頭
痛、悪心、嘔吐、意識障害、視力障害、けいれんなどの症状がみられる。

(4) 虚血性心疾患は、心筋の一部分に可逆的な虚血が起こる狭心症と、不可逆的
な心筋壊死が起こる心筋梗塞とに大別される。

(5) 運動負荷心電図検査は、虚血性心疾患の発見に有用である。

【R5年4月／問17】

解説

(1) 正しい。

(2) 誤り。脳塞栓症は、心臓や動脈壁の血栓などが剥がれて脳血管を閉塞するこ
とによる脳虚血であり、脳血栓症は、脳血管自体の動脈硬化性病変による脳虚
血である。設問は、脳塞栓症と脳血栓症の説明が逆になっている。

(3) 正しい。

(4) 正しい。

(5) 正しい。

解答 (2)

問72　脳血管障害及び虚血性心疾患に関する次の記述のうち、誤っているもの
□□　はどれか。

(1)　脳血管障害は、脳の血管の病変が原因で生じ、出血性病変、虚血性病変など
に分類される。

(2)　出血性の脳血管障害は、脳表面のくも膜下腔に出血するくも膜下出血、脳実
質内に出血する脳出血などに分類される。

(3)　虚血性の脳血管障害である脳梗塞は、脳血管自体の動脈硬化性病変による脳
血栓症と、心臓や動脈壁の血栓などが剥がれて脳血管を閉塞する脳塞栓症に分
類される。

(4)　虚血性心疾患は、門脈による心筋への血液の供給が不足したり途絶えること
により起こる心筋障害である。

(5)　虚血性心疾患は、心筋の一部分に可逆的虚血が起こる狭心症と、不可逆的な
心筋壊死が起こる心筋梗塞とに大別される。

【H31年4月／問17】

解説

(1)　正しい。

(2)　正しい。

(3)　正しい。

(4)　誤り。虚血性心疾患は、冠動脈による心筋への血液の供給が不足したり途絶
えることにより起こる心筋障害である。

(5)　正しい。

解答　(4)

問73　虚血性心疾患に関する次の記述のうち、誤っているものはどれか。
□□

(1)　虚血性心疾患は、門脈による心筋への血液の供給が不足したり途絶えることにより起こる心筋障害である。

(2)　虚血性心疾患発症の危険因子には、高血圧、喫煙、脂質異常症などがある。

(3)　虚血性心疾患は、心筋の一部分に可逆的な虚血が起こる狭心症と、不可逆的な心筋壊死が起こる心筋梗塞とに大別される。

(4)　心筋梗塞では、突然激しい胸痛が起こり、「締め付けられるように痛い」、「胸が苦しい」などの症状が長時間続き、1時間以上になることもある。

(5)　狭心症の痛みの場所は、心筋梗塞とほぼ同じであるが、その発作が続く時間は、通常数分程度で、長くても15分以内におさまることが多い。

【R4年・R3年・R2年10月／問17】

解 説 ────────────────────────────

(1)　誤り。虚血性心疾患は、冠動脈による心筋への血液の供給が不足したり途絶えることにより起こる心筋障害である。

(2)　正しい。

(3)　正しい。

(4)　正しい。

(5)　正しい。

解答 (1)

問74　虚血性心疾患に関する次の記述のうち、誤っているものはどれか。

☐☐

(1)　運動負荷心電図検査は、心筋の異常や不整脈の発見には役立つが、虚血性心疾患の発見には有用ではない。

(2)　虚血性心疾患発症の危険因子には、高血圧、喫煙、脂質異常症などがある。

(3)　虚血性心疾患は、狭心症と心筋梗塞とに大別される。

(4)　狭心症は、心臓の血管の一部の血流が一時的に悪くなる病気である。

(5)　狭心症の痛みの場所は、心筋梗塞とほぼ同じであるが、その発作が続く時間は、通常数分程度で、長くても15分以内であることが多い。

【R2年 4 月／問17】

解説

(1)　誤り。運動負荷心電図検査は、運動負荷を加えた状態で心電図の変化をみる検査である。安静時心電図では診断が困難な狭心症など、虚血性心疾患の発見に有用である。

(2)　正しい。

(3)　正しい。

(4)　正しい。

(5)　正しい。

解答　(1)

○脳血管障害に関するポイントは最低限おさえておく。特に、語意を間違いやすい脳血栓症と脳塞栓症の違いは必ず覚える。また、関連事項として心疾患に関する知識も学んでおきたい。

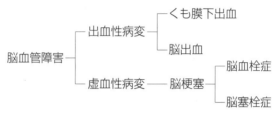

図　主な脳血管障害の種類

脳血栓症・・・脳血管自体の動脈硬化性病変による脳虚血

脳塞栓症・・・心臓や動脈壁の血栓などが剥がれて脳血管を閉塞することによる脳虚血

・脳梗塞、脳出血での主な症状は、頭痛、吐き気、手足のしびれ、麻痺、言語障害、視覚障害など。

・くも膜下出血での主な症状は、急激で激しい頭痛がある。

・**虚血性心疾患**

心筋梗塞・・・虚血が持続し心筋の一部に壊死が起こり不可逆的な傷害が生じる。突然激しい胸痛、痛みが1時間以上続くこともある。

狭心症・・・虚血は一過性で心筋の一部に可逆的な傷害が起こる。痛みは通常数分程度。長くても15分以内に治まる。

16　快適職場環境

上・第4章5

Ⅱ 労働衛生

問75　厚生労働省の「事業者が講ずべき快適な職場環境の形成のための措置に関する指針」において、快適な職場環境の形成のための措置の実施に関し、考慮すべき事項とされていないものは次のうちどれか。

(1)　継続的かつ計画的な取組

(2)　快適な職場環境の基準値の達成

(3)　労働者の意見の反映

(4)　個人差への配慮

(5)　潤いへの配慮

【R4年10月／問15】

解説

　「事業者が講ずべき快適な職場環境の形成のための措置に関する指針」には、快適職場づくりのための作業環境の管理、作業方法の改善、心身の疲労の回復を図るための施設の改善等の基本的な考え方が示されているが、快適な職場の条件を定めるような基準が数値等として示されてはいない。同指針は、あらゆる業種の作業を対象とするので、一律に具体的な数値等を示すことに無理があるためである。

　よって、解答は(2)である。

解答　(2)

「事業者が講ずべき快適な職場環境の形成のための措置に関する指針」の ポイント

◎快適な職場環境づくりを進めるに当たって考慮すべき事項

継続的かつ計画的な取組

・快適職場推進担当者の選任等、体制の整備をすること。

・快適な職場環境の形成を図るための機械設備等の性能や機能の確保につ いてのマニュアルを整備すること。

・作業内容の変更、年齢構成の変化、技術の進展等に対応した見直しを実 施すること。

労働者の意見の反映

・作業者の意見を反映する場を確保すること。

個人差への配慮

・温度、照明等、職場の環境条件について年齢等、個人差へ配慮すること。

潤いへの配慮

・職場に潤いを持たせ、リラックスさせることへの配慮をすること。

17　その他

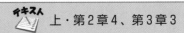

上・第2章4、第3章3

問76　感染症に関する次の記述のうち、誤っているものはどれか。
□□

(1) 人間の抵抗力が低下した場合は、通常、多くの人には影響を及ぼさない病原体が病気を発症させることがあり、これを日和見感染という。

(2) 感染が成立しているが、症状が現れない状態が継続することを不顕性感染という。

(3) 感染が成立し、症状が現れるまでの人をキャリアといい、感染したことに気付かずに病原体をばらまく感染源になることがある。

(4) 感染源の人が咳やくしゃみをして、唾液などに混じった病原体が飛散することにより感染することを空気感染といい、インフルエンザや普通感冒の代表的な感染経路である。

(5) インフルエンザウイルスにはA型、B型及びC型の三つの型があるが、流行の原因となるのは、主として、A型及びB型である。

【R5年4月／問19】

解説

(1) 正しい。

(2) 正しい。

(3) 正しい。

(4) 誤り。空気感染とは、微生物を含む塗沫の水分が蒸発し、乾燥した小粒子として長時間空気中に浮遊して感染することである。設問は、飛沫感染の説明である。

(5) 正しい。

解答　(4)

問77　　感染症に関する次の記述のうち、誤っているものはどれか。

□□

(1)　人間の抵抗力が低下した場合は、通常、多くの人には影響を及ぼさない病原体が病気を発症させることがあり、これを不顕性感染という。

(2)　感染が成立し、症状が現れるまでの人をキャリアといい、感染したことに気付かずに病原体をばらまく感染源になることがある。

(3)　微生物を含む飛沫の水分が蒸発して、5 μm 以下の小粒子として長時間空気中に浮遊し、空調などを通じて感染することを空気感染という。

(4)　風しんは、発熱、発疹、リンパ節腫脹を特徴とするウイルス性発疹症で、免疫のない女性が妊娠初期に風しんにかかると、胎児に感染し出生児が先天性風しん症候群（CRS）となる危険性がある。

(5)　インフルエンザウイルスにはA型、B型及びC型の三つの型があるが、流行の原因となるのは、主として、A型及びB型である。

【R4年 4 月／問20】

解 説

(1)　誤り。不顕性感染とは、微生物の感染が成立しても症状が現れない状態が継続することである。設問は、日和見感染の説明である。

(2)　正しい。

(3)　正しい。

(4)　正しい。

(5)　正しい。

解答　(1)

解答にあたっての**ポイント**

○感染症の特徴

・日和見感染：人間の抵抗力が非常に弱い場合に、普段多くの人には感染
しない菌が病気を発症させる感染。

・不顕性感染：微生物に感染しても、症状が現れない状態が継続すること。

・キャリアー：感染して、症状が現れるまでの人。感染したことに気付か
ずに病原体をばらまく感染源になることがある。

・感染経路

接触感染：感染源と接触することによる感染(はしか、水ぼうそう等)

飛沫感染：せきやくしゃみをして唾液に混じった微生物が飛散し、通
常2m以内の距離でする感染(インフルエンザ、新型コロ
ナウイルス感染症等)

エアロゾル飛沫感染：微細な飛沫の粒子が換気の悪い密室等で空気中
を漂いそれによる感染(新型コロナウイルス感染症等)

空気感染：微生物を含む飛沫の水分が蒸発し、乾燥した小粒子として
長時間空気中に浮遊しそれによる感染(結核、はしか等)。
空調等を通じて感染する場合もある。

物質媒介型感染：汚染された食物、水、血液等を介する感染 (食中毒、
C型肝炎等)

昆虫等を媒介した感染：病原体を持つ蚊、ハエ、ネズミ等を介した感
染 (マラリア、リケッチア症等)

○主な呼吸器感染症

・風しん：発熱、発疹、リンパ節腫脹を特徴とするウイルス性発疹症で、
免疫のない女性が妊娠初期に風しんにかかると、胎児に感染し
出生児が先天性風しん症候群 (CRS) となる危険性がある。

Ⅱ労働衛生

・インフルエンザ：インフルエンザウイルスには A，B，C の 3 型がある
　　　　　　　　　が、流行するのは A 型と B 型。
・新型コロナウイルス：多くは 2 ～ 6 日の潜伏期間を経て発症し、発熱や
　　　　　　　　　　喉の痛み、長引くせき、強い倦怠感等の症状が出るこ
　　　　　　　　　　とが多いとされている。飛沫感染し、世界中で多くの
　　　　　　　　　　患者が発生している。

問78　厚生労働省の「労働安全衛生マネジメントシステムに関する指針」に関する次の記述のうち、誤っているものはどれか。

(1)　この指針は、労働安全衛生法の規定に基づき機械、設備、化学物質等による危険又は健康障害を防止するため事業者が講ずべき具体的な措置を定めるものではない。

(2)　このシステムは、生産管理等事業実施に係る管理と一体となって運用されるものである。

(3)　このシステムでは、事業者は、事業場における安全衛生水準の向上を図るための安全衛生に関する基本的考え方を示すものとして、安全衛生方針を表明し、労働者及び関係請負人その他の関係者に周知させる。

(4)　このシステムでは、事業者は、安全衛生方針に基づき設定した安全衛生目標を達成するため、事業場における危険性又は有害性等の調査の結果等に基づき、一定の期間を限り、安全衛生計画を作成する。

(5)　事業者は、このシステムに従って行う措置が適切に実施されているかどうかについて調査及び評価を行うため、外部の機関による監査を受けなければならない。

【R4年4月／問17、R3年10月／問20】

解説

(1)　正しい。労働安全衛生マネジメントシステムに関する指針第2条。

(2)　正しい。労働安全衛生マネジメントシステムに関する指針第3条第1号。

(3)　正しい。労働安全衛生マネジメントシステムに関する指針第5条。

(4)　正しい。労働安全衛生マネジメントシステムに関する指針第11条、第12条。

(5)　誤り。労働安全衛生マネジメントシステムに関する指針第17条において、事業者は、定期的なシステム監査の計画を作成し、システム監査を適切に実施する手順を定めるとともに、この手順に基づき、システム監査を適切に実施するものとしており、外部の機関による監査を受けなければならないという定めはない。

解答　(5)

○「労働安全衛生マネジメントシステムに関する指針」についての問題である。労働安全衛生マネジメントシステムについては、**テキスト「衛生管理(上)」の「第2章4」**を参照し、指針の内容について把握しておく。

〈労働安全衛生マネジメントシステム(OSHMS)の実施方法〉

・OSHMS は、連続的、継続的な安全衛生活動を自主的に行い、職場にある危険性を低減させ続けていくためのシステムである。

同指針に示された基本的な流れは次のとおりである。

1 事業者が安全衛生方針を表明する（第5条)。

2 建設物、設備、原材料、作業行動等による危険性又は有害性などを調査し、その結果に基づき、労働者の危険又は健康障害を防止するために必要な措置を決定する（第10条)。

3 安全衛生方針に基づき、安全衛生目標を設定する（第11条)。

4 安全衛生目標を達成するための安全衛生計画を作成する(第12条)。

5 手順を定め、安全衛生計画を適切かつ継続的に実施する(第13条)。

6 安全衛生計画の実施状況等の点検・改善を行う（第15条)。

7 定期的にシステム監査を実施し、改善を行う（第17条)。

8 定期的にシステムの全般的な見直しを行う（第18条)。

1〜8を繰り返す。

・また、労働安全衛生マネジメントシステムが連続的、かつ、継続的に実施されるように次の事項も併せて行うこととされている。

1 労働安全衛生マネジメントシステムに必要な手順を定め、明文化し、記録する（第8条、第9条)。

2 システム各級管理者の役割・責任・権限を定める等により体制の整備を行う（第7条)。

3 労働者の意見を反映させる（第6条)。

・この流れの主要な事項の関連を図示すると次のようになる。

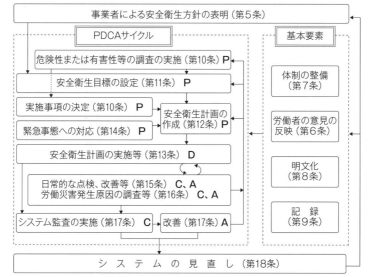

図　労働安全衛生マネジメントシステムの概要
（図中、Pは計画、Dは実施、Cは評価、Aは改善を表わす。）

Ⅲ 労働生理

1　血液

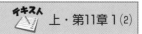 上・第11章 1 (2)

問 1　　血液に関する次の記述のうち、誤っているものはどれか。

☐☐

(1)　血液は、血漿成分と有形成分から成り、血漿成分は血液容積の約55％を占める。

(2)　血漿中の蛋白質のうち、アルブミンは血液の浸透圧の維持に関与している。

(3)　白血球のうち、好中球には、体内に侵入してきた細菌や異物を貪食する働きがある。

(4)　血小板のうち、リンパ球には、Ｂリンパ球、Ｔリンパ球などがあり、これらは免疫反応に関与している。

(5)　血液の凝固は、血漿中のフィブリノーゲンがフィブリンに変化し、赤血球などが絡みついて固まる現象である。

【R5年10月／問21、R4年10月／問28】

解 説

(1)　正しい。

(2)　正しい。

(3)　正しい。

(4)　誤り。血小板ではなく、白血球の一種であるリンパ球には、細菌や異物を認識し攻撃するＴリンパ球と抗体を産生するＢリンパ球などがあり、免疫反応に関与している。

(5)　正しい。

解答　(4)

Ⅲ 労働生理

問2　血液に関する次の記述のうち、誤っているものはどれか。

□□

(1)　血液は、血漿と有形成分から成り、有形成分は赤血球、白血球及び血小板から成る。

(2)　血漿中の蛋白質のうち、グロブリンは血液浸透圧の維持に関与し、アルブミンは免疫物質の抗体を含む。

(3)　血液中に占める血球（主に赤血球）の容積の割合をヘマトクリットといい、男性で約45％、女性で約40％である。

(4)　血液の凝固は、血漿中のフィブリノーゲンがフィブリンに変化し、赤血球などが絡みついて固まる現象である。

(5)　ABO式血液型は、赤血球の血液型分類の一つで、A型の血清は抗B抗体を持つ。

【R5年4月／問26】

解説

(1)　正しい。

(2)　誤り。グロブリンは、免疫に関係する抗体としての働きがある。アルブミンは、さまざまな物質の運搬と浸透圧に関与する。

(3)　正しい。

(4)　正しい。

(5)　正しい。

解答　(2)

問3　　血液に関する次の記述のうち、正しいものはどれか。

□□

(1)　血漿中の蛋白質のうち、アルブミンは血液の浸透圧の維持に関与している。

(2)　血漿中の水溶性蛋白質であるフィブリンがフィブリノーゲンに変化する現象
が、血液の凝集反応である。

(3)　赤血球は、損傷部位から血管外に出ると、血液凝固を促進させる物質を放出
する。

(4)　血液中に占める白血球の容積の割合をヘマトクリットといい、感染や炎症が
あると増加する。

(5)　血小板は、体内に侵入してきた細菌やウイルスを貪食する働きがある。

【R3年4月・R1年10月／問26】

解説

(1)　正しい。

(2)　誤り。血液の凝集は、一方の人の赤血球中にある凝集原と他方の人の血清中
にある凝集素との間で生じる反応であり、血液型の判別等に用いられる。なお、
フィブリノーゲンがフィブリンに変化する現象は血液の凝固反応である。

(3)　誤り。損傷部位から血管外に出ると血液凝固を促進させる物質を放出するの
は血小板である。赤血球の主な機能は組織への酸素の供給である。

(4)　誤り。血液中に占める「赤血球」の割合をヘマトクリットといい、貧血等の
判別に用いられる。感染や炎症があると増加するのは白血球である。

(5)　誤り。血小板は、血管が損傷したときに集合してその傷口をふさぎ（血小板
凝集）、出血を止める作用（止血作用）がある。細菌やウイルスを貪食する働き
を持つのは白血球中の好中球である。

解答　(1)

　　血液に関する次の記述のうち、誤っているものはどれか。

□□

(1)　赤血球は、骨髄で産生され、寿命は約120日であり、血球の中で最も多い。

(2)　血液中に占める赤血球の容積の割合をヘマトクリットといい、貧血になると
その値は高くなる。

(3)　好中球は、白血球の約60％を占め、偽足を出してアメーバ様運動を行い、体
内に侵入してきた細菌などを貪食する。

(4)　血小板は、直径2〜3μmの不定形細胞で、止血作用をもつ。

(5)　ABO式血液型は、赤血球の血液型分類の一つで、A型の血清は抗B抗体を
もつ。

【R2年4月／問27】

解 説

(1)　正しい。

(2)　誤り。血液中に占める赤血球の容積の割合をヘマトクリットといい、貧血に
なるとその値は「低くなる」。

(3)　正しい。

(4)　正しい。

(5)　正しい。

解答　(2)

問5　血液に関する次の記述のうち、誤っているものはどれか。

□□

(1)　赤血球は、骨髄で産生され、寿命は約120日であり、血球の中で最も多い。

(2)　血液中に占める赤血球の容積の割合をヘマトクリットといい、貧血になるとその値は低くなる。

(3)　好中球は、白血球の約60％を占め、偽足を出してアメーバ様運動を行い、体内に侵入してきた細菌などを貪食する。

(4)　リンパ球は、白血球の約30％を占め、Tリンパ球やBリンパ球などの種類があり、免疫反応に関与している。

(5)　ABO式血液型は、白血球による血液型分類の一つで、A型血液の血清は抗A抗体をもつ。

【H31年4月／問24】

Ⅲ労働生理

解説

(1)　正しい。

(2)　正しい。

(3)　正しい。

(4)　正しい。

(5)　誤り。ABO式血液型は、「赤血球」による血液型分類の一つであり、A型の血液の血清は「抗B抗体」をもつ。

解答　(5)

問6 次のうち、正常値に男女による差がないとされているものはどれか。

□□

(1) 赤血球数

(2) ヘモグロビン濃度

(3) ヘマトクリット値

(4) 白血球数

(5) 基礎代謝量

【R4年4月／問25】

※ R2年10月／問21は類似問題

解 説

(1) 差あり。血液1 mm^{3}中に約450万個（女性）～約500万個（男性）含まれている。

(2) 差あり。ヘモグロビン濃度は男性で約13～17g/dL、女性で約12～15g/dL である。

(3) 差あり。男性で約45%、女性で約40%である。

(4) 男女による差がないとされている。血液1 mm^{3}中に約7,000（4,000～8,500）個含まれている。

(5) 差あり。成年男性の一日当たりの基礎代謝量は約1,500kcal、女性は約1,150kcal である。

解答 (4)

問7　次のうち、正常値に男女による差がないとされているものはどれか。

☐☐

(1)　赤血球数

(2)　ヘモグロビン量

(3)　血小板数

(4)　基礎代謝量

(5)　ヘマトクリット値

【H31年4月／問26】

解 説

　正常値に男女による差があるものとしては、赤血球数、ヘモグロビン量、基礎代謝量及びヘマトクリット値がある。

　差がないものには、血小板数、白血球数がある。

　よって、解答は(3)である。

解答　(3)

○血液に関する問題は、高頻度で出題される分野であり、重要性は高い。
10の「免疫」との関連を含め、ポイントをきちんとおさえておきたい。

血液 ─┬─ 有形成分 ─┬─ 赤血球：酸素を組織に供給する
　　　 │ （血液容積の約45%） │ 　　　　 （寿命120日、全血液の40%を占める、
　　　 │ 　　　　　　　　　　 │ 　　　　 　1㎣中の個数に性差あり。男性のほうが多い）
　　　 │ 　　　　　　　　　　 ├─ 白血球：体内への細菌や異物の侵入の防御を行う
　　　 │ 　　　　　　　　　　 │ 　　　　 （寿命3〜4日、1㎣中の個数に性差なし）
　　　 │ 　　　　　　　　　　 └─ 血小板：止血作用を持つ
　　　 │ 　　　　　　　　　　 　　　　　 （1㎣中の個数に性差なし）
　　　 └─ 液体成分 ──── 血漿：淡黄色のコロイド状水溶液。約90%が水である。
　　　　 （血液容積の約55%） 　　　　 アルブミン、グロブリン、フィブリノーゲン
　　　　 　　　　　　　　　　 　　　　 などの蛋白質が含まれている。

図　血液の組成と主な機能

・アルブミン・・・血液中でさまざまな物質を運搬するとともに浸透圧を維
　　　　　　　持する働きを持つ。
・グロブリン・・・抗体としての働きを持つ。

Tリンパ球・・・白血球の一種。免疫反応における役割として細菌や異物を
　　　　　　認識し、攻撃する。
Bリンパ球・・・白血球の一種。免疫反応における役割として抗体を産生す
　　　　　　る。
ヘマトクリット・・・血液の容積に対する赤血球の相対的容積のこと。貧血
　　　　　　　　の検査に用いられる（性差あり）。

血液の凝固・・・損傷部位から血液が血管外に出ると、血液凝固を促進させる物質を放出し、血漿に含まれるフィブリノーゲン（線維素原）が損傷部位で線維状のフィブリンに変化し、血球と結合して凝固する。

血液の凝集・・・任意の2人の血液を混ぜたとき、赤血球がお互いに集合する現象。一方の人の赤血球中にある凝集原と他方の人の血清中にある凝集素との間で生じる反応である。

・ABO式血液型は、赤血球の血液型分類で最も広く利用されている。
・A型の血清は抗B抗体を、B型の血清は抗A抗体を、O型の血清は抗A抗体と抗B抗体の両方を持つが、AB型の血清はいずれの抗体も持たない。

Ⅲ 労働生理

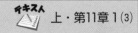
問8　心臓及び血液循環に関する次の記述のうち、誤っているものはどれか。
□□

(1) 心拍数は、左心房に存在する洞結節からの電気刺激によってコントロールされている。

(2) 心臓の拍動による動脈圧の変動を末梢の動脈で触知したものを脈拍といい、一般に、手首の橈骨動脈で触知する。

(3) 心臓自体は、大動脈の起始部から出る冠動脈によって酸素や栄養分の供給を受けている。

(4) 肺循環により左心房に戻ってきた血液は、左心室を経て大動脈に入る。

(5) 大動脈を流れる血液は動脈血であるが、肺動脈を流れる血液は静脈血である。

【R5年10月／問22】

解説

(1) 誤り。心拍数は右心房に存在する洞結節からの電気刺激によってコントロールされている。

(2) 正しい。

(3) 正しい。

(4) 正しい。

(5) 正しい。

解答　(1)

問9　心臓及び血液循環に関する次の記述のうち、誤っているものはどれか。
□□

(1)　心臓は、自律神経の中枢で発生した刺激が刺激伝導系を介して心筋に伝わることにより、規則正しく収縮と拡張を繰り返す。

(2)　肺循環により左心房に戻ってきた血液は、左心室を経て大動脈に入る。

(3)　大動脈を流れる血液は動脈血であるが、肺動脈を流れる血液は静脈血である。

(4)　心臓の拍動による動脈圧の変動を末梢の動脈で触知したものを脈拍といい、一般に、手首の橈骨動脈で触知する。

(5)　心臓自体は、大動脈の起始部から出る冠動脈によって酸素や栄養分の供給を受けている。

【R5年4月／問22】

解説

(1)　誤り。心臓は、「心臓の中の洞房結節（洞結節）」から発生した刺激が刺激伝導系を介して心筋に伝わることにより、規則正しく収縮と拡張を繰り返す。よって、自律神経の中枢で発生した刺激によるものではない。

(2)　正しい。

(3)　正しい。

(4)　正しい。

(5)　正しい。

解答　(1)

問10 　心臓及び血液循環に関する次の記述のうち、誤っているものはどれか。
□□

(1) 　心臓は、自律神経の中枢で発生した刺激が刺激伝導系を介して心筋に伝わることにより、規則正しく収縮と拡張を繰り返す。

(2) 　肺循環により左心房に戻ってきた血液は、左心室を経て大動脈に入る。

(3) 　大動脈を流れる血液は動脈血であるが、肺動脈を流れる血液は静脈血である。

(4) 　心臓の拍動による動脈圧の変動を末梢の動脈で触知したものを脈拍といい、一般に、手首の橈骨動脈で触知する。

(5) 　心筋は不随意筋であるが、骨格筋と同様に横紋筋に分類される。

【R4年10月／問22】

解説

(1) 　誤り。「心臓の右心房の洞結節（洞房結節）」で発生した刺激が、刺激伝導系を介して心筋に伝わることにより、心臓は規則正しく収縮と拡張を繰り返している。よって、自律神経の中枢で発生した刺激によるものではない。

(2) 　正しい。

(3) 　正しい。

(4) 　正しい。

(5) 　正しい。

解答 (1)

問11　心臓及び血液循環に関する次の記述のうち、誤っているものはどれか。
□□

(1)　大動脈及び肺動脈を流れる血液は、酸素に富む動脈血である。

(2)　体循環では、血液は左心室から大動脈に入り、静脈血となって右心房に戻ってくる。

(3)　心筋は人間の意思によって動かすことができない不随意筋であるが、随意筋である骨格筋と同じ横紋筋に分類される。

(4)　心臓の中にある洞結節（洞房結節）で発生した刺激が、刺激伝導系を介して心筋に伝わることにより、心臓は規則正しく収縮と拡張を繰り返す。

(5)　動脈硬化とは、コレステロールの蓄積などにより、動脈壁が肥厚・硬化して弾力性を失った状態であり、進行すると血管の狭窄や閉塞を招き、臓器への酸素や栄養分の供給が妨げられる。

【R4年4月／問22】

解説

(1)　誤り。大動脈に流れる血液は動脈血であるが、「肺動脈」に流れる血液は「静脈血」であり、動脈血ではない。

(2)　正しい。

(3)　正しい。

(4)　正しい。

(5)　正しい。

解答　(1)

問12 　　心臓及び血液循環に関する次の記述のうち、誤っているものはどれか。
□□

(1) 心臓は、自律神経の中枢で発生した刺激が刺激伝導系を介して心筋に伝わることにより、規則正しく収縮と拡張を繰り返す。

(2) 肺循環により左心房に戻ってきた血液は、左心室を経て大動脈に入る。

(3) 大動脈を流れる血液は動脈血であるが、肺動脈を流れる血液は静脈血である。

(4) 心臓の拍動による動脈圧の変動を末梢の動脈で触知したものを脈拍といい、一般に、手首の橈骨動脈で触知する。

(5) 動脈硬化とは、コレステロールの蓄積などにより、動脈壁が肥厚・硬化して弾力性を失った状態であり、進行すると血管の狭窄や閉塞を招き、臓器への酸素や栄養分の供給が妨げられる。

【R3年10月／問22】

解　説

(1) 誤り。「心臓の右心房の洞結節（洞房結節）」で発生した刺激が、刺激伝導系を介して心筋に伝わることにより、心臓は規則正しく収縮と拡張を繰り返している。よって、自律神経の中枢で発生した刺激によるものではない。

(2) 正しい。

(3) 正しい。

(4) 正しい。

(5) 正しい。

解答 (1)

問13　心臓の働きと血液の循環に関する次の記述のうち、誤っているものはどれか。

(1)　心臓の中にある洞結節（洞房結節）で発生した刺激が、刺激伝導系を介して心筋に伝わることにより、心臓は規則正しく収縮と拡張を繰り返す。

(2)　体循環は、左心室から大動脈に入り、毛細血管を経て静脈血となり右心房に戻ってくる血液の循環である。

(3)　肺循環は、右心室から肺静脈を経て肺の毛細血管に入り、肺動脈を通って左心房に戻る血液の循環である。

(4)　心臓の拍動は、自律神経の支配を受けている。

(5)　大動脈及び肺静脈を流れる血液は、酸素に富む動脈血である。

【R2年10月・H31年4月／問22】

解説

(1)　正しい。

(2)　正しい。

(3)　誤り。肺循環とは、右心室から「肺動脈」を経て肺の毛細血管に入り、「肺静脈」を通って左心房に戻る血液の循環をいう。心室から拍出される血液が通る血管を動脈といい、心房へ戻ってくる血液が通る血管を静脈という。

(4)　正しい。

(5)　正しい。

解答　(3)

問14 　心臓の働きと血液の循環に関する次の記述のうち、誤っているものはどれか。

(1) 心臓の中にある洞結節（洞房結節）で発生した刺激が、刺激伝導系を介して心筋に伝わることにより、心臓は規則正しく収縮と拡張を繰り返す。

(2) 体循環は、左心室から大動脈に入り、毛細血管を経て静脈血となり右心房に戻ってくる血液の循環である。

(3) 肺循環は、右心室から肺動脈を経て肺の毛細血管に入り、肺静脈を通って左心房に戻る血液の循環である。

(4) 心臓の拍動は、自律神経の支配を受けている。

(5) 大動脈及び肺動脈を流れる血液は、酸素に富む動脈血である。

【R1年10月／問22】

解説

(1) 正しい。

(2) 正しい。

(3) 正しい。

(4) 正しい。

(5) 誤り。大動脈に流れる血液は動脈血であるが、「肺動脈」に流れる血液は「静脈血」であり、動脈血ではない。

解答 (5)

264

解答にあたってのポイント

○心臓の働きと血液循環に関する問題は、比較的出題回数が多い。

・血液の流れ（肺循環と体循環）については、よく試験問題に出ていることから、下に示す図の肺循環及び体循環の血液の流れは必ずおさえておく。

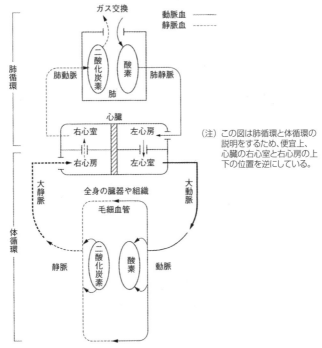

図　全身の血液循環（模式図）

・「動脈」と「動脈血」、「静脈」と「静脈血」の違いを理解する。

動脈・・・心臓から拍出された血液を送る血管

静脈・・・心臓に戻る血液を送る血管

動脈血・・・酸素に富む血液

静脈血・・・二酸化炭素を多く含む血液

肺動脈には静脈血が、肺静脈には動脈血が流れることに注意する。

〔その他のポイント〕
・心筋は横紋筋であるが、自分の意志で動かすことのできない不随意筋である。
・心臓の拍動は、自律神経の支配を受けている。交感神経は心臓の働きを促進し、副交感神経は心臓の動きを抑制している。
・心臓の中にある洞結節（洞房結節）で発生した刺激が、刺激伝導系を介して心筋に伝わることにより、心臓は規則正しく収縮と拡張を繰り返す。
・血圧は、血液が血管の側面を押し広げる力であり、高血圧の状態が続くと、血管の壁の厚さが増して弾力性が失われる。

3 呼吸

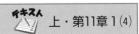

上・第11章1(4)

問15　呼吸に関する次の記述のうち、誤っているものはどれか。
☐☐

(1) 呼吸運動は、横隔膜、肋間筋などの呼吸筋が収縮と弛緩をすることにより行われる。

(2) 胸郭内容積が増し、その内圧が低くなるにつれ、鼻腔、気管などの気道を経て肺内へ流れ込む空気が吸気である。

(3) 肺胞内の空気と肺胞を取り巻く毛細血管中の血液との間で行われるガス交換は、外呼吸である。

(4) 血液中の二酸化炭素濃度が増加すると、呼吸中枢が刺激され、呼吸が速く深くなる。

(5) 呼吸のリズムをコントロールしているのは、間脳の視床下部である。

【R5年10月／問23】

解 説

(1) 正しい。

(2) 正しい。

(3) 正しい。

(4) 正しい。

(5) 誤り。呼吸のリズムをコントロールしているのは、「延髄」にある呼吸中枢である。

解答　(5)

Ⅲ 労働生理

問16　　呼吸に関する次の記述のうち、正しいものはどれか。

☐☐

(1)　呼吸は、胸膜が運動することで胸腔内の圧力を変化させ、肺を受動的に伸縮させることにより行われる。

(2)　肺胞内の空気と肺胞を取り巻く毛細血管中の血液との間で行われるガス交換は、内呼吸である。

(3)　成人の呼吸数は、通常、1分間に16〜20回であるが、食事、入浴、発熱などによって増加する。

(4)　チェーンストークス呼吸とは、肺機能の低下により呼吸数が増加した状態をいい、喫煙が原因となることが多い。

(5)　身体活動時には、血液中の窒素分圧の上昇により呼吸中枢が刺激され、1回換気量及び呼吸数が増加する。

【R5年4月・R4年10月／問21】

解説

(1)　誤り。胸膜には筋肉がないため、運動しない。呼吸運動は、横隔膜や肋間筋などの呼吸筋が収縮と弛緩をすることにより行われる。

(2)　誤り。「内呼吸」とは、組織細胞とそれをとりまく毛細血管中との間で行われる呼吸（ガス交換）のことであり、設問は、肺胞におけるガス交換のことであるから「外呼吸（肺呼吸）」である。

(3)　正しい。

(4)　誤り。「チェーンストークス呼吸」とは呼吸をしていない状態から次第に呼吸が深まり、やがて再び浅くなって呼吸が止まる状態を交互に繰り返すパターンの呼吸のことである。

(5)　誤り。呼吸中枢は「二酸化炭素分圧の上昇（二酸化炭素の増加）」により刺激される。設問は窒素分圧となっているので誤りである。

解答　(3)

問17　呼吸に関する次の記述のうち、誤っているものはどれか。

□□

(1)　呼吸運動は、横隔膜、肋間筋などの呼吸筋が収縮と弛緩をすることにより行われる。

(2)　胸郭内容積が増し、その内圧が低くなるにつれ、鼻腔、気管などの気道を経て肺内へ流れ込む空気が吸気である。

(3)　肺胞内の空気と肺胞を取り巻く毛細血管中の血液との間で行われるガス交換を外呼吸という。

(4)　呼吸数は、通常、1分間に16〜20回で、成人の安静時の1回呼吸量は、約500mL である。

(5)　呼吸のリズムをコントロールしているのは、間脳の視床下部である。

【R4年4月／問21】

Ⅲ　労働生理

解説

(1)　正しい。

(2)　正しい。

(3)　正しい。

(4)　正しい。

(5)　誤り。呼吸のリズムをコントロールしているのは、「延髄」にある呼吸中枢である。

解答　(5)

呼吸に関する次の記述のうち、誤っているものはどれか。

□□

(1) 呼吸運動は、気管と胸膜の協調運動によって、胸郭内容積を周期的に増減させて行われる。

(2) 胸郭内容積が増し、その内圧が低くなるにつれ、鼻腔、気管などの気道を経て肺内へ流れ込む空気が吸気である。

(3) 肺胞内の空気と肺胞を取り巻く毛細血管中の血液との間で行われる酸素と二酸化炭素のガス交換を、肺呼吸又は外呼吸という。

(4) 全身の毛細血管中の血液が各組織細胞に酸素を渡して二酸化炭素を受け取るガス交換を、組織呼吸又は内呼吸という。

(5) 血液中の二酸化炭素濃度が増加すると、呼吸中枢が刺激され、肺でのガス交換の量が多くなる。

【R3年10月／問24】

解説

(1) 誤り。気管と胸膜には筋肉がないため、運動しない。呼吸運動は、横隔膜や肋間筋などの呼吸筋の協調運動によって行われている。

(2) 正しい。

(3) 正しい。

(4) 正しい。

(5) 正しい。

解答 (1)

問19　呼吸に関する次の記述のうち、誤っているものはどれか。

□□

(1)　呼吸運動は、横隔膜、肋間筋などの呼吸筋が収縮と弛緩をすることにより行われる。

(2)　胸腔の容積が増し、内圧が低くなるにつれ、鼻腔、気管などの気道を経て肺内へ流れ込む空気が吸気である。

(3)　肺胞内の空気と肺胞を取り巻く毛細血管中の血液との間で行われるガス交換を外呼吸という。

(4)　通常の呼吸の場合の呼気には、酸素が約16％、二酸化炭素が約4％含まれる。

(5)　身体活動時には、血液中の窒素分圧の上昇により呼吸中枢が刺激され、1回換気量及び呼吸数が増加する。

【R2年10月／問23】

※ R2年4月／問21は類似問題

Ⅲ労働生理

解説

(1)　正しい。

(2)　正しい。

(3)　正しい。

(4)　正しい。

(5)　誤り。呼吸中枢は「二酸化炭素分圧の上昇（二酸化炭素の増加）」により刺激される。設問は窒素分圧となっているので誤りである。

解答　(5)

問20　呼吸に関する次の記述のうち、誤っているものはどれか。

□□

(1) 呼吸運動は、呼吸筋が収縮と弛緩をすることによって胸郭内容積を周期的に増減し、それに伴って肺を伸縮させることにより行われる。

(2) 胸郭内容積が増し、内圧が低くなるにつれ、鼻腔、気管などの気道を経て肺内へ流れ込む空気が吸気である。

(3) 肺胞内の空気と肺胞を取り巻く毛細血管中の血液との間で行われるガス交換を外呼吸という。

(4) 通常の呼吸の場合の呼気には、酸素が約16％、二酸化炭素が約4％含まれる。

(5) 身体活動時には、血液中の窒素分圧の上昇により呼吸中枢が刺激され、1回換気量及び呼吸数が増加する。

【R1年10月／問21】

解説

(1) 正しい。

(2) 正しい。

(3) 正しい。

(4) 正しい。

(5) 誤り。呼吸中枢は「二酸化炭素分圧の上昇（二酸化炭素の増加）」により刺激される。設問は窒素分圧となっているので誤りである。

解答　(5)

問21　呼吸に関する次の記述のうち、正しいものはどれか。

□□

(1)　呼吸運動は、主として肋間筋と横隔膜の協調運動によって胸郭内容積を周期的に増減し、それに伴って肺を伸縮させることにより行われる。

(2)　肺胞内の空気と肺胞を取り巻く毛細血管中の血液との間で行われるガス交換は、内呼吸である。

(3)　成人の呼吸数は、通常、1分間に16〜20回であるが、食事、入浴及び発熱によって減少する。

(4)　呼吸に関与する筋肉は、間脳の視床下部にある呼吸中枢によって支配されている。

(5)　身体活動時には、血液中の窒素分圧の上昇により呼吸中枢が刺激され、1回換気量及び呼吸数が増加する。

【H31年4月／問21】

Ⅲ　労働生理

解説

(1)　正しい。

(2)　誤り。「内呼吸」とは、組織細胞とそれをとりまく毛細血管中との間で行われる呼吸（ガス交換）のことであり、設問は、肺胞におけるガス交換のことであるから「外呼吸（肺呼吸）」である。

(3)　誤り。食事、入浴や発熱時の呼吸数は増加する。

(4)　誤り。呼吸に関与する筋肉は、「延髄」にある呼吸中枢によって支配されている。

(5)　誤り。呼吸中枢は「二酸化炭素分圧の上昇（二酸化炭素の増加）」により刺激される。設問は窒素分圧となっているので誤りである。

解答　(1)

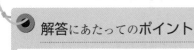

解答にあたっての**ポイント**

○呼吸は、試験に多く出題されている分野であるため、関連事項まで把握しておきたい。

・肺自体には運動能力がないため、呼吸運動は横隔膜や肋間筋などの呼吸筋の協調運動により行われる。
・呼吸中枢は延髄にあり、二酸化炭素の増加により刺激される。
・呼吸中枢がその興奮性を維持するためには、常に一定量以上の二酸化炭素が血液中に含まれていることが必要である。
・酸素は赤血液中のヘモグロビンと結合する。

内呼吸・・・組織細胞とそれをとりまく毛細血管中の血液との間で行われるもの（組織内細胞と血管の間でのガス交換）

外呼吸・・・肺が酸素を取り入れ、不要になった二酸化炭素を排出するもの（肺胞でのガス交換）

吸　気・・・呼吸運動により横隔膜が下がり（胸郭内容積が増し）、その胸腔内の内圧が低くなると、肺がその弾性により（受動的に）拡張し、肺内に流れ込むこと

呼　気・・・呼吸運動により横隔膜が上がり（胸郭内容積が減り）、その胸腔内の内圧が高くなると、肺がその弾性により（受動的に）収縮し、肺外に排出されること

・身体への負荷が強い労働で呼吸が激しくなるのは、血液中の二酸化炭素が増加して、呼吸中枢が刺激され、肺でのガス交換の量を多くするためである。また、肺活量が多い人は肺でのガス交換面積が広く、一般に身体への負荷が強い労働をするのに有利である。
・成人の呼吸数は、通常、1分間に16〜20回で、食事、入浴、発熱等によって増加する。
・通常の呼吸の場合、呼気には、酸素が約16％、二酸化炭素が約4％含まれる。

4　栄養素の消化・吸収

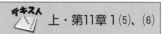
上・第11章 1 (5)、(6)

問22 □□　　摂取した食物中の炭水化物（糖質）、脂質及び蛋白質を分解する消化酵素の組合せとして、正しいものは次のうちどれか。

	炭水化物（糖質）	脂質	蛋白質
(1)	マルターゼ	リパーゼ	トリプシン
(2)	トリプシン	アミラーゼ	ペプシン
(3)	ペプシン	マルターゼ	トリプシン
(4)	ペプシン	リパーゼ	マルターゼ
(5)	アミラーゼ	トリプシン	リパーゼ

【R5年10月・R5年 4 月／問24】

解説

　これらは膵液に含まれる、または由来する消化酵素である。糖質を分解するものが（膵）アミラーゼ、脂質を分解するものが（膵）リパーゼである。蛋白質は、胃液中のペプシノーゲンが活性化したペプシンと、膵液に含まれるトリプシノーゲンが活性化したトリプシンにより、分解される。なお、マルターゼは膵液には含まれない消化酵素であり、小腸から分泌され糖質を分解する消化酵素である。

　よって、解答は(1)である。

解答　(1)

Ⅲ 労働生理

　　脂肪の分解・吸収及び脂質の代謝に関する次の記述のうち、誤っている
□□ 　ものはどれか。

(1) 　胆汁は、アルカリ性で、消化酵素は含まないが、食物中の脂肪を乳化させ、脂肪分解の働きを助ける。

(2) 　脂肪は、膵臓から分泌される消化酵素である膵アミラーゼにより脂肪酸とグリセリンに分解され、小腸の絨毛から吸収される。

(3) 　肝臓は、過剰な蛋白質及び糖質を中性脂肪に変換する。

(4) 　コレステロールやリン脂質は、神経組織の構成成分となる。

(5) 　脂質は、糖質や蛋白質に比べて多くの ATP を産生することができるので、エネルギー源として優れている。

【R4年10月／問30】

解 説

(1) 　正しい。

(2) 　誤り。脂肪は、膵臓から分泌される膵リパーゼによって分解される。膵アミラーゼは糖質を分解する。

(3) 　正しい。

(4) 　正しい。

(5) 　正しい。

解答　(2)

問24　消化器系に関する次の記述のうち、誤っているものはどれか。
□□

(1)　三大栄養素のうち糖質はブドウ糖などに、蛋白質はアミノ酸に、脂肪は脂肪
　　酸とグリセリンに酵素により分解されて吸収される。

(2)　無機塩及びビタミン類は、酵素による分解を受けないでそのまま吸収される。

(3)　膵臓から十二指腸に分泌される膵液には、消化酵素は含まれていないが、血
　　糖値を調節するホルモンが含まれている。

(4)　ペプシノーゲンは、胃酸によってペプシンという消化酵素になり、蛋白質を
　　分解する。

(5)　小腸の表面は、ビロード状の絨毛という小突起で覆われており、栄養素の吸
　　収の効率を上げるために役立っている。

【R3年10月／問23】

※ R1年10月／問24・H31年4月／問25は類似問題

解　説

(1)　正しい。

(2)　正しい。

(3)　誤り。膵臓から十二指腸に分泌される膵液には、3大栄養素の消化酵素が全
　　て含まれているが、血糖値を調節するホルモンは含まれていない。

(4)　正しい。

(5)　正しい。

解答　(3)

消化器系に関する次の記述のうち、誤っているものはどれか。

□□

(1) 三大栄養素のうち糖質はブドウ糖などに、蛋白質はアミノ酸に、脂肪は脂肪酸とエチレングリコールに、酵素により分解されて吸収される。

(2) 無機塩、ビタミン類は、酵素による分解を受けないでそのまま吸収される。

(3) 吸収された栄養分は、血液やリンパによって組織に運搬されてエネルギー源などとして利用される。

(4) 胃は、塩酸やペプシノーゲンを分泌して消化を助けるが、水分の吸収はほとんど行わない。

(5) 小腸は、胃に続く全長6〜7mの管状の器官で、十二指腸、空腸及び回腸に分けられる。

【R3年4月／問24】

解説 ────────────────────────────

(1) 誤り。脂肪は脂肪酸とグリセリン（モノグリセリド）に分解される。

(2) 正しい。

(3) 正しい。

(4) 正しい。

(5) 正しい。

解答 (1)

問26　消化器系に関する次の記述のうち、誤っているものはどれか。

☐☐

(1)　三大栄養素のうち、糖質はブドウ糖などに、蛋白質はアミノ酸に、脂肪は脂肪酸とグリセリンに、酵素により分解され、吸収される。

(2)　無機塩及びビタミン類は、酵素による分解を受けないでそのまま吸収される。

(3)　胆汁はアルカリ性で、蛋白質を分解するトリプシンなどの消化酵素を含んでいる。

(4)　胃は、塩酸やペプシノーゲンを分泌して消化を助けるが、水分の吸収はほとんど行わない。

(5)　吸収された栄養分は、血液やリンパによって組織に運搬されてエネルギー源などとして利用される。

【R2年10月／問24】

解説

(1)　正しい。

(2)　正しい。

(3)　誤り。胆汁はアルカリ性の消化液であるが、消化酵素は含んでいない。

(4)　正しい。

(5)　正しい。

解答　(3)

問27 　次のAからDまでの消化酵素について、蛋白質の消化に関与しているも
□□ 　のの組合せは(1)〜(5)のうちどれか。

　　　　A　トリプシン

　　　　B　ペプシン

　　　　C　アミラーゼ

　　　　D　リパーゼ

(1)　A，B

(2)　A，C

(3)　B，C

(4)　B，D

(5)　C，D

【R2年4月／問24】

解　説

A　トリプシン：膵液中のトリプシノーゲンが活性化した蛋白質分解酵素

B　ペプシン：胃液中のペプシノーゲンが活性化した蛋白質分解酵素

C　アミラーゼ：唾液・膵液に含まれる炭水化物分解酵素

D　リパーゼ：膵液に含まれる脂肪分解酵素

よって、A、Bが蛋白質分解酵素であり、解答は(1)である。

解答　(1)

解答にあたってのポイント

○食物中の栄養素の分解については、多くの出題がされている。消化及び
　吸収、特に、食物中の栄養とその消化酵素は頻出問題であり、必ずおさ
　えておきたい。

表　五大栄養素と分解物、吸収位置

	栄養素名	分解物	吸収位置
三大栄養素	炭水化物（糖質）	ブドウ糖	腸壁
	蛋白質	アミノ酸	
	脂肪（脂質）	脂肪酸 モノグリセリド(※)	
五大栄養素 （上記の栄養素 に加えて）	ビタミン	−（分解されない）	
	ミネラル（無機塩類）	−（分解されない）	

表　代表的な消化酵素と栄養素

食物中の栄養	消化酵素	栄養素
炭水化物（糖質）	アミラーゼ（唾液、膵液） マルターゼ（小腸）	ブドウ糖 （グルコース）
脂肪（脂質）	リパーゼ（膵液）	モノグリセリド(※) 脂肪酸
蛋白質	ペプシン（胃液中のペプシノーゲンが活性化したもの） トリプシン（膵液中のトリプシノーゲンが活性化したもの）	アミノ酸

・胃では、吸収機能がほとんどない（アルコールは吸収される）。
・ブドウ糖とアミノ酸などは、小腸の絨毛に吸収され、毛細血管に入り、
　門脈を通って、肝臓に運ばれる。
・脂肪は、膵臓から分泌される膵リパーゼにより脂肪酸とモノグリセリ
　ド(※)に分解され、小腸の絨毛に吸収される。脂肪酸とモノグリセリ
　ド(※)は、絨毛から吸収された後に再び脂肪となり、リンパ管を経由して
　血管に入り、肝臓に運ばれる。
(※)設問では、「グリセリン」として出題されている。

・胆汁はアルカリ性で、消化酵素を含まないが、胆汁酸が食物中の脂肪を乳化させ、消化吸収しやすくする。
・膵臓から十二指腸に分泌される膵液には、血糖値を調節するホルモンとともに、3大栄養素の消化酵素が全て含まれている。

5 肝臓の機能

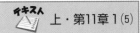

上・第11章1(5)

問28　肝臓の機能として、誤っているものは次のうちどれか。

□□

(1) コレステロールを合成する。

(2) 尿素を合成する。

(3) ヘモグロビンを合成する。

(4) 胆汁を生成する。

(5) グリコーゲンを合成し、及び分解する。

【R5年10月／問25】

III 労働生理

解説

(1) 正しい。

(2) 正しい。

(3) 誤り。ヘモグロビンの合成は骨髄で行われる。

(4) 正しい。

(5) 正しい。

解答 (3)

問29　　　肝臓の機能として、誤っているものは次のうちどれか。
☐☐

(1)　コレステロールを合成する。

(2)　尿素を合成する。

(3)　ビリルビンを分解する。

(4)　胆汁を生成する。

(5)　血液凝固物質や血液凝固阻止物質を合成する。

【R4年10月／問29】

解 説

(1)　正しい。

(2)　正しい。

(3)　誤り。ビリルビンの分解の機能は肝臓にはない。

(4)　正しい。

(5)　正しい。

解答　(3)

問30 肝臓の機能として、誤っているものは次のうちどれか。

□□

(1) 血液中の身体に有害な物質を分解する。

(2) ブドウ糖をグリコーゲンに変えて蓄える。

(3) ビリルビンを分解する。

(4) 血液凝固物質を合成する。

(5) 血液凝固阻止物質を合成する。

【R4年4月／問24】

解説

(1) 正しい。

(2) 正しい。

(3) 誤り。ビリルビンの分解の機能は肝臓にはない。

(4) 正しい。

(5) 正しい。

解答 (3)

問31　肝臓の機能として、誤っているものは次のうちどれか。
□□

(1)　コレステロールの合成

(2)　尿素の合成

(3)　ビリルビンの分解

(4)　胆汁の生成

(5)　グリコーゲンの合成及び分解

【R3年4月／問22】

解　説

(1)　正しい。

(2)　正しい。

(3)　誤り。ビリルビンの分解の機能は肝臓にはない。

(4)　正しい。

(5)　正しい。

解答　(3)

🔵 解答にあたってのポイント

○血液循環の設問を解くために肝臓の機能の知識が必要となる設問もある。また、血液循環の問題に加え、肝臓の機能自体についても出題されていることから、次のポイントは覚えておきたい。

〔肝臓の主な機能〕

① グリコーゲンの合成及び分解（炭水化物の代謝）

② 血液中のアンモニアから尿素の合成

③ アルブミン、フィブリノーゲン等血漿蛋白の合成（蛋白質の代謝）

④ 血液凝固阻止物質の合成

⑤ コレステロールの合成（脂肪の代謝）

⑥ 胆汁の生成

⑦ 解毒作用

⑧ ブドウ糖の合成（糖新生）

⑨ グリコーゲンやビタミンの貯蔵・余分な脂肪の貯蔵

6 代謝

問32　代謝に関する次の記述のうち、正しいものはどれか。

□□

(1) 代謝において、細胞に取り入れられた体脂肪、グリコーゲンなどが分解されてエネルギーを発生し、ATP が合成されることを同化という。

(2) 代謝において、体内に摂取された栄養素が、種々の化学反応によって、細胞を構成する蛋白質などの生体に必要な物質に合成されることを異化という。

(3) 基礎代謝量は、安静時における心臓の拍動、呼吸、体温保持などに必要な代謝量で、睡眠中の測定値で表される。

(4) エネルギー代謝率は、一定時間中に体内で消費された酸素と排出された二酸化炭素の容積比で表される。

(5) エネルギー代謝率は、動的筋作業の強度を表すことができるが、精神的作業や静的筋作業には適用できない。

【R5年10月／問26】

※ R4年4月／問29、R3年10月／問26は類似問題

解説

(1) 誤り。グリコーゲンなどの物質を分解し、生体に必要なエネルギーを得ることを「異化」という。

(2) 誤り。摂取された栄養素が、種々の化学反応によって生体に必要な物質に合成されることを「同化」という。

(3) 誤り。基礎代謝量は、覚醒、横臥、安静時の値である。睡眠中の測定値ではない。

(4) 誤り。エネルギー代謝率は、作業に要したエネルギーが基礎代謝量の何倍にあたるかを示す数値である。設問は呼吸商の説明である。

(5) 正しい。

解答　(5)

問33　　代謝に関する次の記述のうち、正しいものはどれか。
□□

(1)　代謝において、細胞に取り入れられた体脂肪、グリコーゲンなどが分解され
てエネルギーを発生し、ATP が合成されることを同化という。

(2)　代謝において、体内に摂取された栄養素が、種々の化学反応によって、ATP
に蓄えられたエネルギーを用いて、細胞を構成する蛋白質などの生体に必要な
物質に合成されることを異化という。

(3)　基礎代謝は、心臓の拍動、呼吸運動、体温保持などに必要な代謝で、基礎代
謝量は、覚醒、横臥、安静時の測定値で表される。

(4)　エネルギー代謝率は、一定時間中に体内で消費された酸素と排出された二酸
化炭素の容積比で表される。

(5)　エネルギー代謝率は、生理的負担だけでなく、精神的及び感覚的な側面をも
考慮した作業強度を表す指標としても用いられる。

【R3年 4 月／問29】

※ R1年10月／問29は類似問題

Ⅲ 労働生理

解説

(1)　誤り。グリコーゲンなどの物質を分解し、生体に必要なエネルギーを得るこ
とを「異化」という。

(2)　誤り。摂取された栄養素が、種々の化学反応によって、生体に必要な物質に
合成されることを「同化」という。

(3)　正しい。

(4)　誤り。エネルギー代謝率は、作業に要したエネルギーが基礎代謝量の何倍に
あたるかを示す数値である。設問は呼吸商の説明である。

(5)　誤り。エネルギー代謝率は、動的筋作業の強度を表す一指標であり、精神的
作業や静的筋作業には適用できない。

解答　(3)

問34　代謝に関する次の記述のうち、正しいものはどれか。
□□

(1)　代謝において、細胞に取り入れられた体脂肪やグリコーゲンなどが分解されてエネルギーを発生し、ATPが合成されることを同化という。

(2)　代謝において、体内に摂取された栄養素が、種々の化学反応によって、ATPに蓄えられたエネルギーを用いて、細胞を構成する蛋白質などの生体に必要な物質に合成されることを異化という。

(3)　基礎代謝は、心臓の拍動、呼吸運動、体温保持などに必要な代謝で、基礎代謝量は、睡眠・横臥・安静時の測定値で表される。

(4)　エネルギー代謝率は、一定時間中に体内で消費された酸素と排出された二酸化炭素の容積比で表される。

(5)　エネルギー代謝率の値は、体格、性別などの個人差による影響は少なく、同じ作業であれば、ほぼ同じ値となる。

【R2年4月／問23】

解説

(1)　誤り。グリコーゲンなどの物質を分解し、生体に必要なエネルギーを得ることを「異化」という。

(2)　誤り。摂取された栄養素が、種々の化学反応によって、生体に必要な物質に合成されることを「同化」という。

(3)　誤り。基礎代謝量は、覚醒、横臥、安静時の値であり、睡眠中の測定値ではない。

(4)　誤り。エネルギー代謝率は、作業に要したエネルギーが基礎代謝量の何倍にあたるかを示す数値である。設問は呼吸商の説明である。

(5)　正しい。

解答　(5)

問35 蛋白質並びにその分解、吸収及び代謝に関する次の記述のうち、誤って
□□ いるものはどれか。

(1) 蛋白質は、約20種類のアミノ酸が結合してできており、内臓、筋肉、皮膚な
ど人体の臓器等を構成する主成分である。

(2) 蛋白質は、膵臓から分泌される消化酵素である膵リパーゼなどによりアミノ
酸に分解され、小腸から吸収される。

(3) 血液循環に入ったアミノ酸は、体内の各組織において蛋白質に再合成される。

(4) 肝臓では、アミノ酸から多くの血漿蛋白質が合成される。

(5) 飢餓時には、肝臓などでアミノ酸などからブドウ糖を生成する糖新生が行わ
れる。

【R4年4月／問26】

解説

(1) 正しい。

(2) 誤り。蛋白質を分解するものは膵液に含まれるトリプシノーゲンが活性化し
た、トリプシンなどである。膵リパーゼは、脂肪を分解する。

(3) 正しい。

(4) 正しい。

(5) 正しい。

解答 (2)

🔵 解答にあたってのポイント

○最近はエネルギー代謝率（RMR）の設問がよく出題されている。代謝や
　基礎代謝量は他の項目で関連することもあり注意が必要である。

〔代謝〕

・同化…摂取された栄養素が生体に必要な物質に合成されること

・異化…グリコーゲンなどの物質を分解し、生体に必要なエネルギーを得
　　　　ること

〔基礎代謝量〕

・生命維持に不可欠な最小限の活動に必要な代謝のことである。

・人種、体格、年齢、性などで異なる。

・覚醒、横臥、安静時の値である。

・同性、同年齢であれば、体表面積にほぼ比例する。

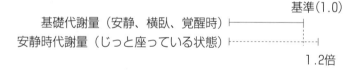

〔エネルギー代謝率（RMR）〕

・作業に要したエネルギー量が、基礎代謝の何倍にあたるかを示す数値
　である。

・個人差がかなり除かれ、同じ作業であれば、ほぼ同じ値が得られるため、
　作業の強度をよく表す。

・動的筋作業をうまく表す指標の一つである。精神的作業、静的筋作業に
　は、適用できない。

エネルギー代謝率

$$= \frac{\text{総消費エネルギー量} - \text{安静時代謝量（基礎代謝量の1.2倍）}}{\text{基礎代謝量}}$$

$$= \frac{\text{作業に要したエネルギー量}}{\text{基礎代謝量}}$$

総消費エネルギー量

安静時代謝量　　作業に要したエネルギー量

※作業に要したエネルギー量が基礎代謝量の何倍に
あたるかを計算した数値がエネルギー代謝率である。

Ⅲ労働生理

※〔呼吸商〕

　体内で一定時間中に栄養素が分解されて、エネルギーに変換されるまでに消費された酸素と、排出された二酸化炭素の容積比である。糖質、脂肪、蛋白質の値が知られているため、呼吸商を測定することにより、脂肪の燃焼割合等を知ることができる。

7 体温調節

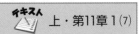

上・第11章 1 (7)

問36　体温調節に関する次の記述のうち、正しいものはどれか。

□□

(1)　体温調節中枢は、脳幹の延髄にある。

(2)　暑熱な環境においては、内臓の血流量が増加し体内の代謝活動が亢進することにより、人体からの熱の放散が促進される。

(3)　体温調節のように、外部環境が変化しても身体内部の状態を一定に保つ生体の仕組みを同調性といい、筋肉と神経系により調整されている。

(4)　計算上、体重70kg の人の体表面から10g の汗が蒸発すると、体温が約 1 ℃下がる。

(5)　発汗のほかに、皮膚及び呼気から水分を蒸発させている現象を不感蒸泄という。

【R4年10月／問23】

解説

(1)　誤り。体温調節中枢は「間脳の視床下部」にある。

(2)　誤り。暑熱な環境においては、体内の代謝活動が抑制され、熱の産生量を減らす。

(3)　誤り。外部環境の状態や身体活動量が変化しても体内の状態を一定に保とうとする生体の仕組みを「恒常性 (ホメオスタシス)」という。主に「自律神経系」と「内分泌系」により調節されている。

(4)　誤り。計算上は体重70kg の人の体表面から「100g」の汗が蒸発すると、体温が約 1 ℃下がる計算となる。10g ではない。

(5)　正しい。

解答　(5)

問37　体温調節に関する次の記述のうち、誤っているものはどれか。
□□

(1)　寒冷な環境においては、皮膚の血管が収縮して血流量が減って、熱の放散が減少する。

(2)　暑熱な環境においては、内臓の血流量が増加し体内の代謝活動が亢進することにより、人体からの熱の放散が促進される。

(3)　体温調節にみられるように、外部環境などが変化しても身体内部の状態を一定に保とうとする性質を恒常性（ホメオスタシス）という。

(4)　計算上、100 gの水分が体重70kgの人の体表面から蒸発すると、気化熱が奪われ、体温が約1℃下がる。

(5)　熱の放散は、ふく射（放射）、伝導、蒸発などの物理的な過程で行われ、蒸発には、発汗と不感蒸泄によるものがある。

【R4年4月／問23、R3年10月／問29】

解説

(1)　正しい。

(2)　誤り。暑熱な環境においては、体内の代謝活動が抑制され、熱の産生量を減らす。

(3)　正しい。

(4)　正しい。

(5)　正しい。

解答　(2)

問38　　体温調節に関する次の記述のうち、正しいものはどれか。

☐☐

(1)　寒冷な環境においては、皮膚の血管が拡張して血流量を増し、皮膚温を上昇させる。

(2)　暑熱な環境においては、内臓の血流量が増加し体内の代謝活動が亢進することにより、人体からの熱の放散が促進される。

(3)　体温調節のように、外部環境が変化しても身体内部の状態を一定に保つ生体の仕組みを同調性といい、筋肉と神経系により調整されている。

(4)　体温調節中枢は、小脳にあり、熱の産生と放散とのバランスを維持し体温を一定に保つよう機能している。

(5)　熱の放散は、ふく射（放射）、伝導、蒸発などの物理的な過程で行われ、蒸発によるものには、発汗と不感蒸泄がある。

【R2年10月／問25、R2年4月／問29】

解説

(1)　誤り。寒冷な環境においては、皮膚の血管が収縮して血流量を減らし、人体からの放熱を抑制する。

(2)　誤り。暑熱な環境においては、体内の代謝活動が抑制され、熱の産生量を減らす。

(3)　誤り。外部環境の状態や身体活動量が変化しても体内の状態を一定に保とうとする生体の仕組みを「恒常性（ホメオスタシス）」という。主に「自律神経系」と「内分泌系」により調節されている。

(4)　誤り。体温調節中枢は「間脳の視床下部」にある。

(5)　正しい。

解答　(5)

問39 　体温調節に関する次の記述のうち、正しいものはどれか。

□□

(1) 体温調節中枢は、脳幹の延髄にある。

(2) 体温調節のように、外部環境が変化しても身体内部の状態を一定に保つ生体の仕組みを同調性といい、筋肉と神経系により調整されている。

(3) 寒冷な環境においては、皮膚の血管が拡張して血流量を増し、皮膚温を上昇させる。

(4) 計算上、体重70kgの人の体表面から10gの汗が蒸発すると、体温が約1℃下がる。

(5) 人間は発汗のほかに、常時、呼気や皮膚表面からも水分を蒸発させており、この蒸発のことを不感蒸泄という。

【H31年4月／問23】

解説

(1) 誤り。体温調節中枢は「間脳の視床下部」にある。

(2) 誤り。外部環境の状態や身体活動量が変化しても体内の状態を一定に保とうとする生体の仕組みを「恒常性（ホメオスタシス）」という。主に「自律神経系」と「内分泌系」により調節されている。

(3) 誤り。寒冷な環境においては、皮膚の血管が収縮して血流量を減らし、人体からの放熱を抑制する。設問は、暑熱な環境における人体の反応である。

(4) 誤り。計算上は体重70kgの人の体表面から「100g」の汗が蒸発すると、体温が約1℃下がる計算となる。10gではない。

(5) 正しい。

解答 (5)

解答にあたってのポイント

○体温調節に関する問題である。比較的出題されている分野であり、ポイントはおさえておきたい。また、暑熱な環境及び寒冷な環境における身体の反応を理解しておきたい。

・体温調節中枢は間脳の視床下部にある。

・恒常性（ホメオスタシス）とは、体温調節にみられるように、外部環境などが変化しても身体内部の状態を一定に保つ仕組みをいう。

・発汗には、体熱を放散する役割を果たす温熱性発汗と精神的緊張や感動による精神性発汗とがあり、労働時には一般にこの両方が現れる。

・暑熱な環境における体温調節（身体の反応）

　　体外に熱を逃がし（血管を拡張、血液量を増加→皮膚温の上昇、発汗を促進）、体内からの産熱を減らす（代謝を抑制、骨格筋の弛緩）。

・寒冷な環境における体温調節（身体の反応）

　　体外に熱を逃がさないようにし（血管を収縮、血液量の減少→皮膚温を低下、発汗を抑制）、体内からの産熱を増やす（代謝を亢進、骨格筋の収縮（ふるえ））。

・発汗のない状態でも皮膚及び呼吸器から1日約850gの水の蒸発があり、不感蒸泄という。

・計算上、100gの水分が体重70kgの人の体表面から蒸発すると、気化熱が奪われ、体温を約1℃下げることができる。

・温熱性発汗は体熱を放散する役割を持ち、全身でみられる。足の裏での発汗は精神性発汗の際によくみられる。

8　腎臓・尿

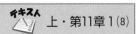 上・第11章 1 (8)

<u>問40</u>　腎臓・泌尿器系に関する次の記述のうち、誤っているものはどれか。
□□

(1)　糸球体では、血液中の蛋白質以外の血漿成分がボウマン嚢に濾し出され、原尿が生成される。

(2)　尿細管では、原尿に含まれる大部分の水分、電解質、栄養分などが血液中に再吸収される。

(3)　尿の生成・排出により、体内の水分の量やナトリウムなどの電解質の濃度を調節するとともに、生命活動によって生じた不要な物質を排出する。

(4)　尿の95％は水分で、5％が固形物であり、その成分は全身の健康状態をよく反映するので、尿検査は健康診断などで広く行われている。

(5)　血液中の尿素窒素（BUN）の値が低くなる場合は、腎臓の機能の低下が考えられる。

【R5年 4 月／問25】

解説

(1)　正しい。

(2)　正しい。

(3)　正しい。

(4)　正しい。

(5)　誤り。血液中の尿素窒素（BUN）の値は、腎臓の働きが低下すると、ろ過しきれない分が血液中に残るため、高くなる。一方、尿中の値は低くなる。

解答　(5)

問41　腎臓又は尿に関する次の記述のうち、正しいものはどれか。

□□

(1)　血中の老廃物は、尿細管からボウマン嚢に濾し出される。

(2)　血中の蛋白質は、糸球体からボウマン嚢に濾し出される。

(3)　血中のグルコースは、糸球体からボウマン嚢に濾し出される。

(4)　原尿中に濾し出された電解質の多くは、ボウマン嚢から血中に再吸収される。

(5)　原尿中に濾し出された水分の大部分は、そのまま尿として排出される。

【R4年10月・R2年4月・R1年10月・4月／問25】

解説

(1)　誤り。血中の老廃物は、糸球体からボウマン嚢中に濾し出される。

(2)　誤り。糸球体から原尿中に濾し出されるものは、水分、糖、電解質、アミノ酸などがあり、血球及び蛋白質は該当しない。

(3)　正しい。

(4)　誤り。電解質などを血中に再吸収する機能を持つ部位は尿細管である。

(5)　誤り。尿細管で水分の大部分が再吸収される。なお、原尿は1日あたり160L程度生成され、排泄される尿量は1.5L程度である。

解答　(3)

問42 腎臓・泌尿器系に関する次の記述のうち、誤っているものはどれか。
□□

(1) 腎臓の皮質にある腎小体では、糸球体から蛋白質以外の血漿成分がボウマン嚢に濾し出され、原尿が生成される。

(2) 腎臓の尿細管では、原尿に含まれる大部分の水分及び身体に必要な成分が血液中に再吸収され、残りが尿として生成される。

(3) 尿は淡黄色の液体で、固有の臭気を有し、通常、弱酸性である。

(4) 尿の生成・排出により、体内の水分の量やナトリウムなどの電解質の濃度を調節するとともに、生命活動によって生じた不要な物質を排出する。

(5) 血液中の尿素窒素(BUN)の値が低くなる場合は、腎臓の機能の低下が考えられる。

【R4年4月／問30】

解説

(1) 正しい。

(2) 正しい。

(3) 正しい。

(4) 正しい。

(5) 誤り。血液中の尿素窒素（BUN）の値は、腎臓の働きが低下すると、ろ過しきれない分が血液中に残るため、高くなる。一方、尿中の値は低くなる。

解答 (5)

腎臓・泌尿器系に関する次の記述のうち、誤っているものはどれか。

□□

(1) 腎臓の皮質にある腎小体では、糸球体から蛋白質以外の血漿成分がボウマン嚢に濾し出され、原尿が生成される。

(2) 腎臓の尿細管では、原尿に含まれる大部分の水分及び身体に必要な成分が血液中に再吸収され、残りが尿として生成される。

(3) 尿は淡黄色の液体で、固有の臭気を有し、通常、弱酸性である。

(4) 尿の生成・排出により、体内の水分の量やナトリウムなどの電解質の濃度を調節するとともに、生命活動によって生じた不要な物質を排出する。

(5) 尿の約95％は水分で、約5％が固形物であるが、その成分が全身の健康状態をよく反映するので、尿を採取して尿素窒素の検査が広く行われている。

【R3年10月／問25】

解説

(1) 正しい。

(2) 正しい。

(3) 正しい。

(4) 正しい。

(5) 誤り。尿素窒素（BUN）とは、血液1dL中に尿素中の窒素が何mg含まれているかを測定した値である。尿を採取して検査はできない。

解答 (5)

問44　腎臓又は尿に関する次のAからDの記述について、誤っているものの組
合せは(1)～(5)のうちどれか。

A　ネフロン（腎単位）は、尿を生成する単位構造で、1個の腎小体と
それに続く1本の尿細管から成り、1個の腎臓中に約100万個ある。

B　尿の約95％は水分で、約5％が固形物であるが、その成分は全身の
健康状態をよく反映するので、尿検査は健康診断などで広く行われて
いる。

C　腎機能が正常な場合、糖はボウマン嚢中に濾し出されないので、尿
中には排出されない。

D　腎機能が正常な場合、大部分の蛋白質はボウマン嚢中に濾し出され
るが、尿細管でほぼ100％再吸収されるので、尿中にはほとんど排出さ
れない。

(1)　A，B

(2)　A，C

(3)　A，D

(4)　B，C

(5)　C，D

【R3年4月／問25、R2年10月／問26】

解説

　糸球体からボウマン嚢中に濾し出される成分は血球、蛋白質以外の成分である。
糖はボウマン嚢中にいったん濾し出され、尿細管から血液中に再吸収される成分
であるので、Cは誤り。また、蛋白質はボウマン嚢中に濾し出される成分ではな
いので、Dは誤り。

　よって、解答は(5)である。

解答　(5)

解答にあたってのポイント

○腎臓又は尿関連の問題である。その機能とはたらきについてポイントを
おさえておきたい。

・腎機能が低下すると血液中の尿素窒素（BUN）が増加する。
・腎臓は、背骨の両側に左右一対あり、それぞれの腎臓から一本ずつ尿管
が出て膀胱につながっている。
・尿は通常、弱酸性を呈する。
・腎性糖尿とは、体質的に腎臓から尿中に糖が排泄される状態であり、特
に症状はない。糖尿病と誤解されやすいので、注意が必要である。
　　※尿素窒素（BUN）とは、血液 1 dL 中に尿素中の窒素が何 mg 含まれ
　　ているかを測定した値である。

・腎小体の機能

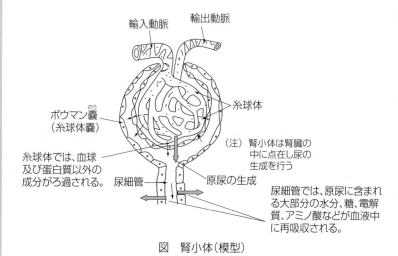

輸入動脈　　輸出動脈

糸球体

ボウマン嚢
（糸球体嚢）

（注）腎小体は腎臓の
中に点在し尿の
生成を行う

糸球体では、血球
及び蛋白質以外の
成分がろ過される。

尿細管　　　原尿の生成

尿細管では、原尿に含まれ
る大部分の水分、糖、電解
質、アミノ酸などが血液中
に再吸収される。

図　腎小体（模型）

9 ホルモン

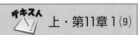 上・第11章 1 (9)

問45
☐☐ ヒトのホルモン、その内分泌器官及びそのはたらきの組合せとして、誤っているものは次のうちどれか。

	ホルモン	内分泌器官	はたらき
(1)	ガストリン	胃	胃酸分泌刺激
(2)	アルドステロン	副腎皮質	体液中の塩類バランスの調節
(3)	パラソルモン	副甲状腺	血中のカルシウム量の調節
(4)	コルチゾール	膵臓	血糖量の増加
(5)	副腎皮質刺激ホルモン	下垂体	副腎皮質の活性化

【R5年10月／問30、R4年10月／問24】

解説

(1) 正しい。

(2) 正しい。

(3) 正しい。

(4) 誤り。「コルチゾール」は、副腎皮質から分泌されて、血糖量を増加させる機能を持つホルモンである。膵臓から分泌され、血糖量を増加させる機能を持つホルモンは、「グルカゴン」である。

(5) 正しい。

解答 (4)

Ⅲ 労働生理

問46 ヒトのホルモン、その内分泌器官及びそのはたらきの組合せとして、誤っ
□□ ているものは次のうちどれか。

	ホルモン	内分泌器官	はたらき
(1)	コルチゾール	副腎皮質	血糖量の増加
(2)	アルドステロン	副腎皮質	体液中の塩類バランスの調節
(3)	メラトニン	副甲状腺	体液中のカルシウムバランスの調節
(4)	インスリン	膵臓	血糖量の減少
(5)	アドレナリン	副腎髄質	血糖量の増加

【R4年 4 月／問28】

解説

(1) 正しい。

(2) 正しい。

(3) 誤り。「メラトニン」は、松果体から分泌されて睡眠に関与し、入眠作用や睡
眠維持作用がある。副甲状腺から分泌され、体液中のカルシウムバランスを調
節させる機能を持つホルモンは、「パラソルモン」である。

(4) 正しい。

(5) 正しい。

解答 (3)

問47　　ヒトのホルモン、その内分泌器官及びそのはたらきの組合せとして、誤っ
□□　ているものは次のうちどれか。

	ホルモン	内分泌器官	はたらき
(1)	コルチゾール	副腎皮質	血糖量の増加
(2)	アルドステロン	副腎皮質	血中の塩類バランスの調節
(3)	パラソルモン	副腎髄質	血糖量の増加
(4)	インスリン	膵臓	血糖量の減少
(5)	メラトニン	松果体	睡眠の促進

【R2年10月／問30】

解説

(1)　正しい。

(2)　正しい。

(3)　誤り。「パラソルモン」は、副甲状腺から分泌されて、血中のカルシウムバラ
ンスの調節を行うホルモンである。副腎髄質で分泌され、血糖量の増加の機能
を持つホルモンは、主に「アドレナリン」である。

(4)　正しい。

(5)　正しい。

解答　(3)

問48 ホルモン、その内分泌器官及びそのはたらきの組合せとして、誤ってい
□□ るものは次のうちどれか。

ホルモン	内分泌器官	はたらき
(1) セクレチン	十二指腸	消化液分泌促進
(2) アルドステロン	副腎皮質	血中の塩類バランスの調節
(3) パラソルモン	副甲状腺	血中のカルシウムバランスの調節
(4) インスリン	膵臓	血糖量の増加
(5) ガストリン	胃	胃酸分泌刺激

【H31年4月／問28】

解 説

(1) 正しい。

(2) 正しい。

(3) 正しい。

(4) 誤り。「インスリン」は、膵臓から分泌されて、血糖量を減少させる機能を持つ。血糖量を増加させる機能を持つホルモンは「グルカゴン」である。

(5) 正しい。

解答 (4)

解答にあたってのポイント

・下表を参考に主だったホルモンの名称、内分泌器官、機能を把握しておきたい。特に睡眠の設問でも出題されるメラトニンは確実に把握しておくこと。

表　主なホルモンの種類と働き

内分泌器官	ホルモン名	機　　　能
副 腎 髄 質	アドレナリン ノルアドレナリン	・血圧の上昇 ・心拍出量の増加 ・血糖量の増加 ・骨格筋に有利な体内環境の整備
副 腎 皮 質	コルチゾール	・血糖量の増加
	アルドステロン	・体液中の塩類バランスの調節
副 甲 状 腺	パラソルモン (パラトルモン)	・体内のカルシウムバランスの調節
膵すい 　 臓	インスリン	・血糖量の減少
	グルカゴン	・血糖量の増加
松 果 体	メラトニン	・入眠、睡眠維持作用
胃	ガストリン	・胃酸分泌促進

Ⅲ労働生理

10 免疫

問49 免疫に関する次の記述のうち、誤っているものはどれか。

☐☐

(1) 抗原とは、免疫に関係する細胞によって異物として認識される物質のことである。

(2) 抗原となる物質には、蛋白質、糖質などがある。

(3) 抗原に対する免疫が、逆に、人体の組織や細胞に傷害を与えてしまうことをアレルギーといい、主なアレルギー性疾患としては、気管支ぜんそく、アトピー性皮膚炎などがある。

(4) 免疫の機能が失われたり低下したりすることを免疫不全といい、免疫不全になると、感染症にかかりやすくなったり、がんに罹患しやすくなったりする。

(5) 免疫には、リンパ球が産生する抗体によって病原体を攻撃する細胞性免疫と、リンパ球などが直接に病原体などを取り込んで排除する体液性免疫の二つがある。

【R5年4月／問28】

解説

(1) 正しい。

(2) 正しい。

(3) 正しい。

(4) 正しい。

(5) 誤り。リンパ球が産生する抗体によって病原体を攻撃するのは「体液性免疫」、リンパ球などが直接に病原体などを取り込んで排除するのは「細胞性免疫」である。

解答 (5)

問50 抗体に関する次の文中の ▢ 内に入れる A から C の語句の組合せ
▢▢ として、適切なものは(1)～(5)のうちどれか。

「抗体とは、体内に入ってきた A に対して B 免疫において作ら
れる C と呼ばれる蛋白質のことで、 A に特異的に結合し、 A
の働きを抑える働きがある。」

	A	B	C
(1)	化学物質	体液性	アルブミン
(2)	化学物質	細胞性	免疫グロブリン
(3)	抗　原	体液性	アルブミン
(4)	抗　原	体液性	免疫グロブリン
(5)	抗　原	細胞性	アルブミン

【R3年10月・4月／問28】
※ R1年10月／問28は類似問題

解説

　抗体とは、体内に入ってきた「抗原」に対して「体液性免疫」において作られる「免疫グロブリン」と呼ばれる蛋白質のことで、「抗原」に特異的に結合し、「抗原」の働きを抑える働きをする。

　よって、解答は(4)となる。

　なお、「体液性免疫」とは、リンパ球が、体内に侵入してきた異物を抗原と認識し、その抗原に対してだけ反応する抗体を血漿中に放出し、この抗体が抗原に特異的に結合し抗原の働きを抑制して体を防御する仕組みであり、「細胞性免疫」とは、リンパ球が直接、病原体などの異物を攻撃する免疫のことである。

解答　(4)

問51 免疫についての次の文中の ☐ 内に入れるAからEの語句の組合せ
☐☐ として、正しいものは(1)～(5)のうちどれか。

「体内に侵入した病原体などの異物を、 A が、 B と認識し、その
B に対してだけ反応する C を血漿中に放出する。この C が
B に特異的に結合し B の働きを抑制して体を防御するしくみを
D 免疫と呼ぶ。これに対し、 A が直接、病原体などの異物を攻撃
する免疫反応もあり、これを E 免疫と呼ぶ。」

	A	B	C	D	E
(1)	リンパ球	抗原	抗体	細胞性	体液性
(2)	リンパ球	抗原	抗体	体液性	細胞性
(3)	リンパ球	抗体	抗原	体液性	細胞性
(4)	血小板	抗原	抗体	細胞性	体液性
(5)	血小板	抗体	抗原	細胞性	体液性

【R2年4月／問28】

解説

「体液性免疫」とは、リンパ球が、体内に侵入してきた異物を抗原と認識し、そ
の抗原に対してだけ反応する抗体を血漿中に放出し、この抗体が抗原に特異的に
結合し抗原の働きを抑制して体を防御する仕組みである。

「細胞性免疫」とは、リンパ球が直接、病原体などの異物を攻撃する免疫のこと
である。

よって、解答は、(2)である。

解答 (2)

解答にあたってのポイント

○血液の分野での抗原と抗体との関連を把握しておきたい。

・抗体とは、体内に入ってきた抗原に対して体液性免疫において作られる免疫グロブリンと呼ばれる蛋白質のことで、抗原に特異的に結合し、抗原の働きを抑える働きをする。

・抗原とは、免疫に関係する細胞によって異物として認識される物質のことである。

・体液性免疫・・・リンパ球が、体内に侵入してきた異物を抗原と認識し、その抗原に対してだけ反応する抗体を血漿中に放出し、この抗体が抗原に特異的に結合し抗原の働きを抑制して体を防御する仕組み

・細胞性免疫・・・リンパ球が直接、病原体などの異物を攻撃する免疫

・免疫グロブリン・・・体内に侵入してきた細菌やウイルス等の異物と特異的に結合する抗体としての働きを持つ。

問52　筋肉に関する次の記述のうち、正しいものはどれか。

□□

(1)　横紋筋は、骨に付着して身体の運動の原動力となる筋肉で意志によって動かすことができるが、平滑筋は、心筋などの内臓に存在する筋肉で意志によって動かすことができない。

(2)　筋肉は神経からの刺激によって収縮するが、神経より疲労しにくい。

(3)　荷物を持ち上げたり、屈伸運動を行うときは、筋肉が長さを変えずに外力に抵抗して筋力を発生させる等尺性収縮が生じている。

(4)　強い力を必要とする運動を続けていると、筋肉を構成する個々の筋線維の太さは変わらないが、その数が増えることによって筋肉が太くなり筋力が増強する。

(5)　刺激に対して意識とは無関係に起こる定型的な反応を反射といい、四肢の皮膚に熱いものが触れたときなどに、その肢を体幹に近づけるような反射は屈曲反射と呼ばれる。

【R5年10月／問27】

解説

(1)　誤り。心臓を構成する筋肉である心筋は横紋筋であるが、自律神経により支配されており、意志によって動かすことのできない不随意筋である。

(2)　誤り。筋肉は、神経から送られてくる刺激によって収縮するが、神経に比べて疲労しやすい。

(3)　誤り。荷物を持ち上げたり、屈伸運動を行うときは，筋肉が収縮時に長さを変えながら張力を発揮する「等張性収縮」を生じる。

(4)　誤り。強い力を必要とする運動を続けていると、１本１本の筋線維が太くなることで筋力が増強する。

(5)　正しい。

解答　(5)

問53　筋肉に関する次の記述のうち、正しいものはどれか。

☐☐

(1)　横紋筋は、骨に付着して身体の運動の原動力となる筋肉で意志によって動かすことができるが、平滑筋は、心筋などの内臓に存在する筋肉で意志によって動かすことができない。

(2)　筋肉は神経からの刺激によって収縮するが、神経より疲労しにくい。

(3)　荷物を持ち上げたり、屈伸運動を行うときは、筋肉が長さを変えずに外力に抵抗して筋力を発生させる等尺性収縮が生じている。

(4)　強い力を必要とする運動を続けていると、筋肉を構成する個々の筋線維の太さは変わらないが、その数が増えることによって筋肉が太くなり筋力が増強する。

(5)　筋肉自体が収縮して出す最大筋力は、筋肉の断面積 1 cm^{2}当たりの平均値をとると、性差や年齢差がほとんどない。

【R5年 4 月／問29、R3年 4 月／問30】
※ R2年 4 月／問26は類似問題

解説

(1)　誤り。心臓を構成する筋肉である心筋は「横紋筋」である。心筋は自律神経により支配されており、意志によって動かすことのできない不随意筋である。

(2)　誤り。筋肉は、神経から送られてくる刺激によって収縮するが、神経に比べて疲労しやすい。

(3)　誤り。荷物を持ち上げたり、屈伸運動を行うときは、筋肉が収縮時に長さを変えながら一定の張力で筋力を発生させる「等張性収縮」を生じる。

(4)　誤り。強い力を必要とする運動を続けていると、1 本 1 本の筋繊維が太くなることで筋力が増強する。

(5)　正しい。

解答　(5)

問54 　　　筋肉に関する次の記述のうち、正しいものはどれか。

□□

(1)　横紋筋は、骨に付着して身体の運動の原動力となる筋肉で意志によって動かすことができるが、平滑筋は、心筋などの内臓に存在する筋肉で意志によって動かすことができない。

(2)　筋肉は神経からの刺激によって収縮するが、神経より疲労しにくい。

(3)　荷物を持ち上げたり、屈伸運動を行うときは、筋肉が長さを変えずに外力に抵抗して筋力を発生させる等尺性収縮が生じている。

(4)　強い力を必要とする運動を続けていると、筋肉を構成する個々の筋線維の太さは変わらないが、その数が増えることによって筋肉が太くなり筋力が増強する。

(5)　筋肉は、収縮しようとする瞬間に最も大きい力を出す。

【R2年10月／問27】

解説

(1)　誤り。心臓を構成する筋肉である心筋は「横紋筋」である。心筋は自律神経により支配されており、意志によって動かすことのできない不随意筋である。

(2)　誤り。筋肉は、神経から送られてくる刺激によって収縮するが、神経に比べて疲労しやすい。

(3)　誤り。荷物を持ち上げたり、屈伸運動を行うときは、筋肉が収縮時に長さを変えながら一定の張力で筋力を発生させる「等張性収縮」を生じる。

(4)　誤り。強い力を必要とする運動を続けていると、1本1本の筋繊維が太くなることで筋力が増強する。

(5)　正しい。

解答 (5)

問55　筋肉に関する次の記述のうち、誤っているものはどれか。

□□

(1) 筋肉は、神経から送られてくる刺激によって収縮するが、神経に比べて疲労しやすい。

(2) 強い力を必要とする運動を続けていても、筋肉を構成する個々の筋線維の太さは変わらないが、その数が増えることによって筋肉が太くなり筋力が増強する。

(3) 筋肉中のグリコーゲンは、筋肉の収縮時に酸素が不足していると、水と二酸化炭素にまで分解されず乳酸になる。

(4) 筋肉が収縮して出す最大筋力は、筋肉の単位断面積当たりの平均値をとると、性差又は年齢差がほとんどない。

(5) 荷物を持ち上げたり屈伸運動をするとき、関節運動に関与する筋肉には、等張性収縮が生じている。

【H31年4月／問29】

解 説

(1) 正しい。

(2) 誤り。強い力を必要とする運動を続けていると、1本1本の筋線維が太くなることで筋力が増強する。

(3) 正しい。

(4) 正しい。

(5) 正しい。

解答　(2)

解答にあたってのポイント

○以下に示す筋肉（心筋については循環器系でも出題されることがある）の種類に関しては必ず覚えておく。

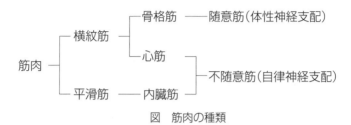

図　筋肉の種類

等尺性収縮・・・筋肉の長さを変えたりせずに外力に抵抗して筋力を発生させる収縮の仕方。姿勢維持の筋肉は等尺性収縮を常に起こしている（例：鉄棒にぶらさがる）。情報機器作業も姿勢維持のため等尺性収縮が主体となる。

等張性収縮・・・関節運動によって筋肉の長さを変えながら一定の張力で筋力を発生させる収縮の仕方（例：歩行、荷物を持ち上げる）

・筋肉中のグリコーゲンは、酸素が十分に供給されると完全に分解され、最後は二酸化炭素と水になり、その過程でエネルギー源となるATP（アデノシン三りん酸）が生成する。酸素が不足すると、完全に分解されず、中間生成物である乳酸が蓄積する。

・筋肉が引き上げることのできる物の重さは筋線維の数と太さに比例する。重量挙げの選手などを想像してみるとよい。

・筋肉が物を引き上げる高さは、筋線維の長さに比例する。

・筋肉は収縮しようとする瞬間に最も大きい力を出す。

・仕事の効率は筋の収縮が速いほど大きいというものではなく、適当な速さのときに最大となる。

12 神経系

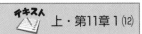上・第11章 1 (12)

問56　下の図は、脳などの正中縦断面であるが、図中に ▨▨▨▨▨ で示すAからEの部位に関する次の記述のうち、誤っているものはどれか。

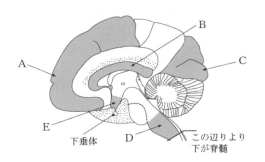

(1)　Aは、大脳皮質の前頭葉で、運動機能中枢、運動性言語中枢及び精神機能中枢がある。

(2)　Bは、小脳で、体の平衡を保つ中枢がある。

(3)　Cは、大脳皮質の後頭葉で、視覚中枢がある。

(4)　Dは、延髄で、呼吸運動、循環器官・消化器官の働きなど、生命維持に重要な機能の中枢がある。

(5)　Eは、間脳の視床下部で、自律神経系の中枢がある。

【R5年 4 月／問23】

解説

(1)　正しい。

(2)　誤り。Bは小脳ではなく、脳梁である。

(3)　正しい。

(4)　正しい。

(5)　正しい。

解答　(2)

Ⅲ 労働生理

問57 神経系に関する次の記述のうち、誤っているものはどれか。

☐☐

(1) 神経細胞（ニューロン）は、神経系を構成する基本的な単位で、通常、1個の細胞体、1本の軸索及び複数の樹状突起から成る。

(2) 脊髄では、中心部が灰白質であり、その外側が白質である。

(3) 大脳では、内側の髄質が白質であり、外側の皮質が灰白質である。

(4) 体性神経には感覚器官からの情報を中枢に伝える感覚神経と、中枢からの命令を運動器官に伝える運動神経がある。

(5) 交感神経系は、心拍数を増加し、消化管の運動を亢進する。

【R4年10月／問27】

解説

(1) 正しい。

(2) 正しい。

(3) 正しい。

(4) 正しい。

(5) 誤り。交感神経系は、身体の機能をより活動的に調節する働きがあり、心拍数を増加させる一方、消化管の運動は「抑制」させるように作用する。

解答 (5)

問58　神経系に関する次の記述のうち、誤っているものはどれか。

□□

(1)　神経系を構成する基本的な単位である神経細胞は、通常、1個の細胞体、1本の軸索及び複数の樹状突起から成り、ニューロンともいわれる。

(2)　体性神経は、運動及び感覚に関与し、自律神経は、呼吸、循環などに関与する。

(3)　大脳の皮質は、神経細胞の細胞体が集まっている灰白質で、感覚、思考などの作用を支配する中枢として機能する。

(4)　交感神経系と副交感神経系は、各種臓器において双方の神経線維が分布し、相反する作用を有している。

(5)　交感神経系は、身体の機能をより活動的に調節する働きがあり、心拍数を増加させたり、消化管の運動を高める。

【R3年10月／問21】

※ R3年4月／問21は類似問題

解説

(1)　正しい。

(2)　正しい。

(3)　正しい。

(4)　正しい。

(5)　誤り。交感神経系は、身体の機能をより活動的に調節する働きがあり、心拍数を増加させる一方、消化管の運動は「抑制」させるように作用する。

解答　(5)

問59　　　自律神経系に関する次の記述のうち、誤っているものはどれか。

□□

(1)　自律神経系は、内臓、血管などの不随意筋に分布している。

(2)　自律神経である交感神経と副交感神経は、同一器官に分布していても、その作用はほぼ正反対である。

(3)　自律神経系の中枢は、脳幹及び脊髄にある。

(4)　消化管に対しては、交感神経の亢進は運動を促進させ、副交感神経の亢進は運動を抑制させる。

(5)　心臓に対しては、交感神経の亢進は心拍数を増加させ、副交感神経の亢進は心拍数を減少させる。

【R2年4月／問30】

解説

(1)　正しい。

(2)　正しい。

(3)　正しい。

(4)　誤り。消化管に対しては、交感神経の亢進は運動を抑制させ、副交感神経の亢進は運動を促進させる。機能が逆に書かれている。

(5)　正しい

解答　(4)

問60　神経系に関する次の記述のうち、誤っているものはどれか。
□□

(1) 神経系は、中枢神経系と末梢神経系に大別され、中枢神経系は脳と脊髄から成る。

(2) 大脳の内側の髄質は神経細胞の細胞体が集合した灰白質で、感覚、運動、思考などの作用を支配する中枢として機能する。

(3) 神経系を構成する基本的な単位である神経細胞は、通常、1個の細胞体、1本の軸索及び複数の樹状突起から成り、ニューロンともいわれる。

(4) 神経系は、機能的には、体性神経と自律神経に分類され、自律神経は更に交感神経と副交感神経に分類される。

(5) 体性神経には、感覚器官からの情報を中枢神経に伝える感覚神経と、中枢神経からの命令を運動器官に伝える運動神経がある。

【R1年10月／問23】

解説

(1) 正しい。

(2) 誤り。神経細胞の細胞体が集合した灰白質で、感覚、運動、思考などの作用を支配する中枢として機能するのは、大脳の外側の「皮質」である。「髄質」は内側にあり、神経線維の多い白質である。

(3) 正しい。

(4) 正しい。

(5) 正しい。

解答　(2)

○神経系の区分は次のとおり。

・肉眼的分類　　　　　　　　・機能的分類

```
                  ┌大脳
           ┌脳┤脳幹
           │  └小脳            ┌運動神経
      ┌中枢神経系┤            体性神経┤
      │        └脊髄          └感覚神経
神経系┤                          ┌交感神経
      │                    自律神経┤
      └末梢神経系              └副交感神経
```

・神経系の基本的な単位はニューロンと呼ばれ、細胞体、軸索、樹状突起からなる。

・中枢神経には灰白質と白質といわれる部分がある。

灰白質…神経細胞が多数集合した部分
白質…神経線維が多い部分

・大脳は外側の皮質が灰白質、内側の髄質が白質である。逆に脊髄では、中心部に灰白質、外側に白質がある。

体性神経…運動と感覚に関与している。
自律神経…呼吸や循環などに関与している。

運動神経…中枢からの命令を運動器官に伝える。
感覚神経…感覚器官からの刺激の興奮を中枢に伝える。

交感神経…身体の機能をより活動的に調節する神経系
　　　　　心拍数を増加させ、消化管の運動を抑制する。

副交感神経…身体の機能を回復に向けて働く神経系
　　　　　　心拍数を減少させ、消化管の運動を亢進する。

・小脳は侵されると運動失調を生ずる。

・自律神経系は不随意筋に分布している。

・呼吸中枢は延髄にある。

・自律神経系の中枢は脳幹や脊髄にある。

13 感覚・感覚器

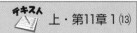 上・第11章1 (13)

問61 感覚又は感覚器に関する次の記述のうち、誤っているものはどれか。
□□

(1) 眼軸が短過ぎるために、平行光線が網膜の後方で像を結ぶものを遠視という。

(2) 嗅覚と味覚は化学感覚ともいわれ、物質の化学的性質を認知する感覚である。

(3) 温度感覚は、皮膚のほか口腔などの粘膜にも存在し、一般に温覚の方が冷覚よりも鋭敏である。

(4) 深部感覚は、筋肉や腱にある受容器から得られる身体各部の位置、運動などを認識する感覚である。

(5) 中耳にある鼓室は、耳管によって咽頭に通じており、その内圧は外気圧と等しく保たれている。

【R5年4月／問27】

解説

(1) 正しい。

(2) 正しい。

(3) 誤り。温度感覚は、冷覚の方が温覚よりも鋭敏で急速に現れる。

(4) 正しい。

(5) 正しい。

解答 (3)

Ⅲ 労働生理

問62 感覚又は感覚器に関する次の記述のうち、誤っているものはどれか。
□□

(1) 眼軸が短過ぎるために、平行光線が網膜の後方で像を結ぶものを遠視という。

(2) 嗅覚と味覚は化学感覚ともいわれ、物質の化学的性質を認知する感覚である。

(3) 温度感覚は、皮膚のほか口腔^{くう}などの粘膜にも存在し、一般に冷覚の方が温覚よりも鋭敏である。

(4) 深部感覚は、内臓の動きや炎症などを感じて、内臓痛を認識する感覚である。

(5) 中耳にある鼓室は、耳管によって咽頭に通じており、その内圧は外気圧と等しく保たれている。

【R3年4月／問27】

解説

(1) 正しい。

(2) 正しい。

(3) 正しい。

(4) 誤り。深部感覚は、筋肉や腱^{けん}等の受容器から得られる身体各部の位置や運動等の感覚である。

(5) 正しい。

解答 (4)

問63　感覚又は感覚器に関する次の記述のうち、正しいものはどれか。
☐☐

(1)　物理化学的な刺激の量と人間が意識する感覚の強度とは、直線的な比例関係にある。

(2)　皮膚感覚には、触圧覚、痛覚、温度感覚（温覚・冷覚）などがあり、これらのうち冷覚を感じる冷覚点の密度は他の感覚点に比べて高い。

(3)　網膜の錐状体は明るい所で働き色を感じ、杆状体は暗い所で働き弱い光、明暗を感じる。

(4)　眼軸が短過ぎるために、平行光線が網膜の後方で像を結ぶ状態は近視である。

(5)　平衡感覚に関係する器官である前庭及び半規管は、中耳にあって、体の傾きや回転の方向を知覚する。

【R2年4月／問22】

Ⅲ 労働生理

解説

(1)　誤り。物理化学的な刺激の量と人間が意識する感覚の強度との関係は、一般に、直線的な比例関係ではない。

(2)　誤り。感覚点のうち、最も密度が大きいのは痛覚点である。

(3)　正しい。

(4)　誤り。眼軸が短過ぎるために、平行光線が網膜の後方で像を結ぶ状態は「遠視」であり、凸レンズで矯正する。

(5)　誤り。前庭及び半規管は「内耳」にあり、体の傾きや回転の方向を知覚する。

解答　(3)

解答にあたってのポイント

○視覚、聴覚に関するポイントは、出題の選択肢・解説を中心に、「14　視覚」、「15　聴覚」を参照。

○その他の感覚のポイントとして、

・物理化学的な刺激の量と人間が意識する感覚の強度は、一般的に、直線的な比例関係ではない。

・嗅覚はわずかな濃度で臭いを感じるほど鋭敏である反面、同じ臭気に対しては疲労しやすい。

・皮膚感覚には、触圧覚、痛覚、温度感覚（温覚・冷覚）などがあり、これらのうち、痛覚を感じる場所は他の感覚よりも密度が高い。

14 視覚

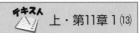 上・第11章 1 ⒀

問64　視覚に関する次の記述のうち、誤っているものはどれか。

□□

⑴　眼は、周りの明るさによって瞳孔の大きさが変化して眼に入る光量が調節され、暗い場合には瞳孔が広がる。

⑵　眼軸が短すぎることなどにより、平行光線が網膜の後方で像を結ぶものを遠視という。

⑶　角膜が歪んでいたり、表面に凹凸があるために、眼軸などに異常がなくても、物体の像が網膜上に正しく結ばれないものを乱視という。

⑷　網膜には、明るい所で働き色を感じる錐状体と、暗い所で働き弱い光を感じる杆状体の2種類の視細胞がある。

⑸　明るいところから急に暗いところに入ると、初めは見えにくいが徐々に見えやすくなることを明順応という。

【R4年4月／問27】

解説

⑴　正しい。

⑵　正しい。

⑶　正しい。

⑷　正しい。

⑸　誤り。暗いところから急に明るいところに入ると、初めは見えにくいが徐々に見えやすくなることを明順応という。設問は暗順応の説明である。

解答　⑸

問65　　　視覚に関する次の記述のうち、誤っているものはどれか。

□□

(1)　眼をカメラにたとえると、虹彩（こう）は、しぼりの働きをする。

(2)　眼は、硝子体の厚さを変えることにより焦点距離を調節して網膜の上に像を結ぶようにしている。

(3)　角膜が歪（ゆが）んでいたり、表面に凹凸があるために、眼軸などに異常がなくても、物体の像が網膜上に正しく結ばないものを乱視という。

(4)　網膜には、明るい所で働き色を感じる錐状体（すい）と、暗い所で働き弱い光を感じる杆状体（かん）の2種類の視細胞がある。

(5)　明るいところから急に暗いところに入ると、初めは見えにくいが暗順応によって徐々に見えるようになる。

【R1年10月／問27】

解　説

(1)　正しい。

(2)　誤り。眼は、「水晶体」の厚さを変えることにより焦点距離を調節して網膜の上に像を結ぶようにしている。眼の仕組みをカメラにたとえた場合、水晶体はレンズの働きをする。なお、「硝子体」は眼球の形を保つ役割を担っている。

(3)　正しい。

(4)　正しい。

(5)　正しい。

解答　(2)

問66　視覚に関する次の記述のうち、誤っているものはどれか。

□□

(1)　眼をカメラに例えると、虹彩（こう）はしぼりの働きをする。

(2)　ヒトの眼は、硝子体の厚さを変えることにより焦点距離を調節して網膜の上に像を結ぶようにしている。

(3)　角膜が歪（ゆが）んでいたり、表面に凹凸があるために、眼軸などに異常がなくても、物体の像が網膜上に正しく結ばないものを乱視という。

(4)　網膜には、錐状体（すい）と杆状体（かん）の二種類の視細胞がある。

(5)　視作業の継続により、前額部の圧迫感、頭痛、複視、吐き気、嘔吐（おう）などの眼精疲労を生じ、作業の継続が困難になることがある。

【H31年4月／問27】

Ⅲ 労働生理

解説

(1)　正しい。

(2)　誤り。眼は「水晶体」の厚さを変えることにより焦点距離を調節して網膜の上に像を結ぶようにしている。眼の仕組みをカメラにたとえた場合、水晶体はレンズの働きをする。なお、「硝子体」は眼球の形を保つ役割を担っている。

(3)　正しい。

(4)　正しい。

(5)　正しい。

解答　(2)

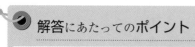

解答にあたってのポイント

〔眼のしくみ〕

・眼のしくみをフィルムカメラに例えると、虹彩はカメラのしぼり、水晶
　体はレンズ、網膜はフィルムの働きをする。

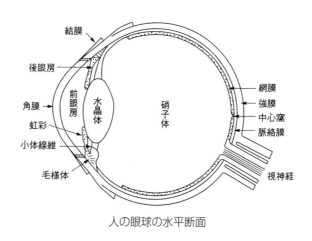

人の眼球の水平断面

虹　彩…瞳孔の大きさを調節することで網膜に入る光量を調節する。虹彩
　　　　が拡大すると瞳孔が縮小する。

水晶体…その厚さを変えることで異なる距離にある物体の像を網膜に結像
　　　　させる。

網　膜…明るいところで色を感じる錐状体（錐体）と暗いところで明暗を
　　　　感じる杆状体（杆体）という2種類の視細胞が並んでいる。

〔眼の機能〕

正視眼…無限遠から到達する平行光線が、正しく網膜上に像を結ぶもの。

近視眼…目に入射した光線が、網膜の手前で結像するもの。網膜までの距離（眼軸、長軸）が焦点距離に対し長すぎる状態。

遠視眼…目に入射した光線が、網膜の後方で結像するもの。網膜までの距離（眼軸、長軸）が焦点距離に対し短すぎる状態。

乱視眼…角膜が完全な球面ではなく凹凸があるために正しく結像しないもの。

暗順応…明るい場所から暗い場所に入ったときに、初めは見えにくいが、徐々に網膜の光に対する感受性が高まって見やすくなる。30分から1時間を要する。

明順応…暗い場所から急に明るい場所に出ると、初めはまぶしいが、徐々に網膜の光に対する感受性が低下してまぶしさを感じなくなる。暗順応に比べ短時間で順応する。

〔その他〕

・遠距離視力検査は、一般的に、5mの距離で実施する。

Ⅲ　労働生理

問67　耳とその機能に関する次の記述のうち、誤っているものはどれか。

□□

(1)　騒音性難聴は、音を神経に伝達する内耳の聴覚器官の有毛細胞の変性によって起こる。

(2)　耳介で集められた音は、鼓膜を振動させ、その振動は耳小骨によって増幅され、内耳に伝えられる。

(3)　内耳は、前庭、半規管及び蝸牛（うずまき管）の三つの部位からなり、前庭と半規管が平衡感覚、蝸牛が聴覚を分担している。

(4)　前庭は、体の回転の方向や速度を感じ、半規管は、体の傾きの方向や大きさを感じる。

(5)　鼓室は、耳管によって咽頭に通じており、その内圧は外気圧と等しく保たれている。

【R5年10月／問28】

解説

(1)　正しい。

(2)　正しい。

(3)　正しい。

(4)　誤り。前庭は、体の傾きの方向や大きさを感じ、半規管は、体の回転の方向や速度を感じる平衡感覚器である。

(5)　正しい。

解答　(4)

問68 　耳とその機能に関する次の記述のうち、誤っているものはどれか。

☐☐

(1) 　耳は、聴覚と平衡感覚をつかさどる器官で、外耳、中耳及び内耳の三つの部位に分けられる。

(2) 　耳介で集められた音は、鼓膜を振動させ、その振動は耳小骨によって増幅され、内耳に伝えられる。

(3) 　内耳は、前庭、半規管及び蝸牛（うずまき管）の三つの部位からなり、前庭と半規管が平衡感覚、蝸牛が聴覚をそれぞれ分担している。

(4) 　半規管は、体の傾きの方向や大きさを感じ、前庭は、体の回転の方向や速度を感じる。

(5) 　鼓室は、耳管によって咽頭に通じており、その内圧は外気圧と等しく保たれている。

【R4年10月／問26】

※ R3年10月／問27、R2年10月／問26は類似問題

解　説

(1) 　正しい。

(2) 　正しい。

(3) 　正しい。

(4) 　誤り。半規管は体の回転の方向や速度を感じ、前庭は体の傾きの方向や大きさを感じる平衡感覚器である。

(5) 　正しい。

解答 （4）

Ⅲ 労働生理

○耳の機能については、次の点を把握しておきたい。

耳 {
  外耳（耳介、外耳道からなる）
  中耳（鼓膜、耳小骨、鼓室、耳管からなる）
  内耳 {
    前庭 …体の傾きの方向や大きさを感じる平衡感覚器
    半規管…体の回転の方向や速度を感じる平衡感覚器
    蝸牛 …聴覚を担当
  }
}

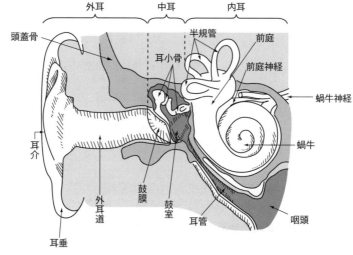

図　耳の構造と機能

・聴覚は、振動数の少ない音を低く感じる。

・騒音ばく露によって生じる聴力低下のことを騒音性難聴といい、4,000Hzの周波数付近の高音域領域の聴力損失から生じやすい。

・音の伝導路は、外耳道→鼓膜→耳小骨→蝸牛→蝸牛神経（聴神経）の順である。

16　ストレス・疲労

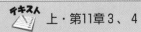 上・第11章3、4

問69　ストレスに関する次の記述のうち、誤っているものはどれか。
□□

(1)　外部からの刺激であるストレッサーは、その形態や程度にかかわらず、自律神経系と内分泌系を介して、心身の活動を抑圧する。

(2)　ストレスに伴う心身の反応には、ノルアドレナリン、アドレナリンなどのカテコールアミンや副腎皮質ホルモンが深く関与している。

(3)　昇進、転勤、配置替えなどがストレスの原因となることがある。

(4)　職場環境における騒音、気温、湿度、悪臭などがストレスの原因となることがある。

(5)　ストレスにより、高血圧症、狭心症、十二指腸潰瘍などの疾患が生じることがある。

【R5年10月／問29】

解説

(1)　誤り。個人にとって適度なストレッサーは、身体的には活動の亢進を、心理的には意欲の向上、充実感を生じる。したがって、全てのストレッサーが心身の活動を抑圧するわけではない。

(2)　正しい。

(3)　正しい。

(4)　正しい。

(5)　正しい。

解答　(1)

参考問題 ストレスに関する次のAからDの記述について、誤っているものの組合
□□ せは(1)～(5)のうちどれか。

A 外部環境からの刺激すなわちストレッサーは、その形態や程度にか
かわらず、自律神経系と内分泌系を介して、心身の活動を抑圧する。

B ストレス反応には、ノルアドレナリン、アドレナリンなどのカテコー
ルアミンや副腎皮質ホルモンが深く関与している。

C ストレスにより、自律神経系と内分泌系のバランスが崩れ、精神神
経科的疾患、内科的疾患などを招く場合がある。

D ストレス反応には、個人差がほとんどない。

(1) A，B

(2) A，D

(3) B，C

(4) B，D

(5) C，D

【H30年10月／問30】

解説

　個人にとって適度なストレッサーは、身体的には活動の亢進を、心理的には意
欲の向上、充実感を生じる。したがって、すべてのストレッサーが心身の活動を
抑圧するわけではないので、Aは誤りとなる。また、ストレス反応は個人差が大
きく、同程度のストレッサーが作用しても、大きなストレス反応を示す人がいる
一方で、何事もなかったようにふるまう人もいる。したがって、Dは誤りとなる。
　よって、解答は(2)である。

解答 (2)

解答にあたってのポイント

・ストレス反応の一つとして、ノルアドレナリンやアドレナリンなどのカテコールアミンや副腎皮質ホルモンの分泌の亢進が生じる。
・適度なストレッサーは、身体的に活動の亢進を生じる。
・ストレス反応は個人差が大きい。
・職場におけるストレッサーとしては、人間関係、人事関係（昇進や昇格、転勤、配置替え）、物理・化学的環境（騒音・気温・湿度・悪臭）、勤務体制などがある。
・ストレスによる精神神経科的疾患・・・抑うつ、神経症（手足の震え等）
・ストレスの内科的疾患・・・高血圧症、狭心症、十二指腸潰瘍

Ⅲ労働生理

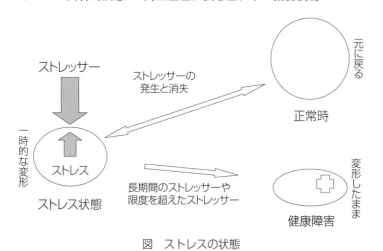

図　ストレスの状態

参考問題 疲労などに関する次の記述のうち、誤っているものはどれか。

□□

(1) 産業疲労は、疲労徴候の現れ方により、急性疲労、慢性疲労、日周性疲労などに分類することができる。

(2) 産業疲労は、生体に対する労働負荷が大きすぎることによって引き起こされるが、その回復や蓄積は日常生活ともかかわっている。

(3) 作業の各局面で生じる疲労を後へ持ち越さないようにすることは、産業疲労の対策として大切なことである。

(4) 近年の職場では、全身疲労のみならず、体の一部の筋肉を使う情報機器作業などによる局所疲労が問題となっている。

(5) 身体活動強度（メッツ）は、身体活動の強さが軽作業時の何倍に相当するかを表す単位である。

【H29年4月／問28（一部修正）】

解説

(1) 正しい。

(2) 正しい。

(3) 正しい。

(4) 正しい。

(5) 誤り。メッツ（METs または MET）は「metabolic equivalent」の略で、身体活動におけるエネルギー消費量を座位安静時の代謝量（カロリー消費）で除したものである。基準は安静時の値であり、軽作業時や歩行時の値ではない。なお、座って安静にしている状態が1メッツであるのに対し、普通歩行が3メッツ、軽いジョギングが6メッツに相当する。

解答 (5)

解答にあたってのポイント

○疲労については、以下のポイントはおさえておきたいところである。

・疲労の自覚的症状を客観的に捉えるための指標には、疲労蓄積度自己診断チェックリスト（厚生労働省）等がある。

・疲労の他覚的症状を捉えるための指標としては、単位時間当たりの作業量などにより作業能率を調べる方法や生理学的検査（フリッカー検査、2点弁別閾検査等）等がある。

・疲労には、心身の過度の働きを制限し、活動を止めて休息をとらせようとする役割がある。

・疲労によって生理機能が低下した状態では、作業能率が低下する。

・疲労を予防するには、作業の分析と作業方法の検討が重要であるが、個人の能力面への配慮と心理的側面への対策なども必要である。

・精神的疲労については、適度に身体を動かす方が、疲労の回復に役立つ場合が多い。

・近年の職場では、長時間の同一姿勢保持に伴う静的疲労、身体の一部だけの局所疲労、精神的な活動による精神的疲労などが課題となっている。

・**メッツ（METs または MET）**：身体活動におけるエネルギー消費量を座位安静時の代謝量（カロリー消費）で除したもの。

> ・安静座位：1メッツ
> ・普通歩行：3メッツ
> ・サイクリング：4メッツ
> ・軽いジョギング：6メッツ

Ⅲ労働生理

問70　睡眠に関する次の記述のうち、誤っているものはどれか。
□□

(1)　入眠の直後にはノンレム睡眠が生じ、これが不十分な時には、日中に眠気を催しやすい。

(2)　副交感神経系は、身体の機能を回復に向けて働く神経系で、休息や睡眠状態で活動が高まり、心拍数を減少し、消化管の運動を亢進する。

(3)　睡眠と覚醒のリズムは、体内時計により約1日の周期に調節されており、体内時計の周期を外界の24時間周期に適切に同調させることができないために生じる睡眠の障害を、概日リズム睡眠障害という。

(4)　睡眠と食事は深く関係しているため、就寝直前の過食は、肥満のほか不眠を招くことになる。

(5)　脳下垂体から分泌されるセクレチンは、夜間に分泌が上昇するホルモンで、睡眠と覚醒のリズムの調節に関与している。

【R5年4月／問30】

解説

(1)　正しい。

(2)　正しい。

(3)　正しい。

(4)　正しい。

(5)　誤り。セクレチンは十二指腸から分泌されるホルモンである。夜間に分泌が上昇するホルモンは松果体から分泌されるメラトニンで、睡眠と覚醒のリズムの調節に関与している。

解答　(5)

問71　睡眠に関する次の記述のうち、誤っているものはどれか。

□□

(1)　睡眠と覚醒のリズムのように、約１日の周期で繰り返される生物学的リズムをサーカディアンリズムといい、このリズムの乱れは、疲労や睡眠障害の原因となる。

(2)　睡眠は、睡眠中の目の動きなどによって、レム睡眠とノンレム睡眠に分類される。

(3)　コルチゾールは、血糖値の調節などの働きをするホルモンで、通常、その分泌量は明け方から増加し始め、起床前後で最大となる。

(4)　レム睡眠は、安らかな眠りで、この間に脳は休んだ状態になっている。

(5)　メラトニンは、睡眠に関与しているホルモンである。

【R3年・R1年10月・H31年４月／問30】

解説

(1)　正しい。

(2)　正しい。

(3)　正しい。

(4)　誤り。レム睡眠とは、身体は休息状態にあるが、脳は覚醒している状態である。急速眼球運動を伴い、夢を見ていることが多い眠りである。

(5)　正しい。

解答　(4)

問72 　　睡眠などに関する次の記述のうち、誤っているものはどれか。

□□

(1) 睡眠は、睡眠中の目の動きなどによって、レム睡眠とノンレム睡眠に分類される。

(2) 甲状腺ホルモンは、夜間に分泌が上昇するホルモンで、睡眠と覚醒のリズムの調節に関与している。

(3) 睡眠と食事は深く関係しているため、就寝直前の過食は、肥満のほか不眠を招くことになる。

(4) 夜間に働いた後の昼間に睡眠する場合は、一般に、就寝から入眠までの時間が長くなり、睡眠時間が短縮し、睡眠の質も低下する。

(5) 睡眠中には、体温の低下、心拍数の減少などがみられる。

【R3年4月／問23、R2年10月／問29】

解 説

(1) 正しい。

(2) 誤り。夜間に分泌が上昇するホルモンで、睡眠と覚醒のリズムの調節に関与しているホルモンは甲状腺ホルモンではなく、松果体から分泌される「メラトニン」である。

(3) 正しい。

(4) 正しい。

(5) 正しい。

解答 (2)

解答にあたってのポイント

○睡眠に関する問題である。睡眠の効果をおさえるとともに、基礎代謝量や副交感神経の働きとの関連も併せて覚えておきたい。

・睡眠中は、副交感神経系の働きが活発になり、身体の機能を回復させるように働く。一方、緊張感を持って仕事をしているときや運動時は、交感神経系の働きが活発になり、身体の機能をより活動的に調節するように働く。

・基礎代謝量は、覚醒、横臥、安静時のエネルギー消費量であり、睡眠時のエネルギー消費量ではない。

・松果体から分泌されるメラトニンは、夜間に分泌が上昇するホルモンで、睡眠と覚醒のリズムの調節に関与している。

・睡眠が不足すると、感覚機能や集中力が低下する。したがって、深夜勤務を含む交替制勤務者や航空機の乗務員などに対しては、特に睡眠確保に配慮する。

・睡眠中には、体温の低下、心拍数の減少、呼吸数の減少がみられる。

・就寝直前の過食は不眠を招く。

・レム睡眠とは、身体は休息状態にあるが、脳は覚醒している状態である。急速眼球運動を伴い、夢を見ていることが多い眠りである。

・ノンレム睡眠とは、急速眼球運動を伴わず、脳が休んだ安らかな眠りの状態である。

・コルチゾールは、血糖値の調節などの働きをするホルモンで、通常、その分泌量は明け方から増加し始め、起床前後で最大となる。

Ⅲ 労働生理

受験の手引

1 衛生管理者免許のあらまし

労働安全衛生法では、常時50人以上の労働者を使用する事業場について、安全衛生管理業務のうち衛生に係る技術的事項を担当させるため、衛生管理者免許を有する者等の資格を有する者のうちから、衛生管理者を選任しなければならないこととされています。

衛生管理者の免許には、第一種衛生管理者免許、第二種衛生管理者免許及び衛生工学衛生管理者免許がありますが、このうち、第一種衛生管理者免許、第二種衛生管理者免許は厚生労働大臣の指定する指定試験機関の行う免許試験に合格した者等に対して、その者の申請によって交付されます。

2 指定試験機関

現在、公益財団法人安全衛生技術試験協会が、全国で唯一の指定試験機関として労働安全衛生法及び作業環境測定法に基づく試験を行っています。

試験は、全国7か所に設けられている下記の安全衛生技術センター（以下「センター」という。）で毎月行っています。

また、このほかに出張特別試験が実施されています。

試験日は、各センターで毎年度作成している「免許試験案内」やインターネットホームページ（https://www.exam.or.jp/）により公表されています。

各センターへのアクセスの最新情報は、同ホームページでご確認ください。

試験場所

名　　称	所　在　地	交　　通
北海道安全衛生技術センター	〒061-1407　北海道恵庭市黄金北3丁目13番地 電話0123（34）1171	①JR千歳線利用、恵庭駅下車、東口から北海道文教大学へ800m直進し、正門より左折200m先。徒歩約13分 ②高速道路経由で車を利用する場合、恵庭インターを下りて左折、センターまで約3.5km ③国道36号線経由で車を利用する場合、(1)恵庭バイパス分岐点からバイパス経由で、恵庭市総合体育館裏の信号を南へ400m先、(2)市街地経由は、道々江別恵庭線（旧国道36号）旧NTT前交差点を、長沼方面に約1.7km、JR跨線橋を下り、恵明中学校横の信号を右折して300m先 ④恵庭駅西口よりタクシーで約3分（約1.1km）
東北安全衛生技術センター	〒989-2427　宮城県岩沼市里の杜1-1-15 電話0223（23）3181	①JR仙台駅より東北本線または常磐線で岩沼駅下車（20分）、岩沼駅から徒歩で約25分（約2km） ②車を利用する場合、(1)国道4号線の仙台トヨペット、東京靴流通センター交差点を東進約300m、(2)仙台東部道路岩沼ICを下りて、スズキ記念病院左折。 ③岩沼駅からタクシーで約5〜10分（約2km） ④仙台空港からタクシーで約15分（約7km）
関東安全衛生技術センター	〒290-0011　千葉県市原市能満2089番地 電話0436（75）1141	①JR内房線五井駅（快速停車）下車、東口バス停3番乗車口より、学科試験日に限り「技術センター」行き直通バスを試験開始時間に合わせて運行（約20分） ②学科試験日以外は、JR内房線八幡宿駅又は五井駅（快速停車）下車、路線バスで、「山倉こどもの国」行き「上大堀」又は終点「山倉こどもの国」停留所で下車（約25分）、徒歩約12分 ③千葉方面から車を利用する場合、国道16号線八幡橋先、市原埠頭入口にて国道297号線（勝浦方面）に左折、「こどもの国」を目標に市原埠頭入口より約15分 ④五井駅からタクシーで約15分
関東安全衛生技術センター東京試験場	〒105-0022　東京都港区海岸1-11-1 ニューピア竹芝ノースタワー21階 電話03（6432）0461	①JR浜松町駅下車、徒歩約10分 ②「ゆりかもめ」を利用する場合、新橋駅より竹芝駅下車、徒歩約3分 ③都営地下鉄大門駅下車、徒歩約12分

名　　称	所　在　地	交　　通
中部安全衛生技術センター	〒477-0032　愛知県東海市加木屋町丑寅海戸51-5電話0562（33）1161	①名鉄河和線南加木屋駅下車（名鉄名古屋駅から急行約30分）、徒歩約15〜20分②車を利用する場合、名古屋高速道路・伊勢湾岸道路・知多半島道路を利用、大府東海ICを下りて左折5分（名古屋から約25分）
近畿安全衛生技術センター	〒675-0007　兵庫県加古川市神野町西之山字迎野電話079（438）8481	①JR加古川駅より加古川線に乗りかえ、2つ目の神野駅下車、徒歩約18分②JR加古川駅北口より神姫バス「神野駅前」又は、「県立加古川医療センター」行きで「試験センター前」下車、徒歩約5分③加古川駅北口からタクシーで約4km（10分）
中国四国安全衛生技術センター	〒721-0955　広島県福山市新涯町2-29-36電話084（954）4661	①JR福山駅下車、駅前の中国バス4番のりば「福山港」行きで終点（約25分）下車、徒歩約5分（1時間に1便程度（午前のみ））、又は「卸町」行きで終点（約22分）下車、徒歩約15分（1時間に3、4便）②車を利用する場合、山陽自動車道福山東ICから南へ約7km③福山駅からタクシーで約7km（約20分）
九州安全衛生技術センター	〒839-0809　福岡県久留米市東合川5-9-3電話0942（43）3381	①JR久留米駅前バスセンター及び西鉄久留米駅バスセンターより・西鉄バス(1)行先番号23「千歳市民センター入口」下車、徒歩約8分、(2)行先番号22、「地場産業センター入口」下車、徒歩約3分②タクシーでJR久留米駅から約20分、西鉄久留米駅から約15分③車で九州自動車道久留米ICから約3分（ICの北側）

所在地等の最新の情報は安全衛生技術試験協会ホームページ等でご確認ください。

3　試験のあらまし

（1）　受験資格

次のいずれかの資格が必要です。

	番号	受　験　資　格
第一種　第二種　衛生管理者	1-1	学校教育法による大学（短期大学を含む）又は高等専門学校[注①]を卒業した者で、その後1年以上労働衛生の実務に従事した経験を有するもの
	1-2	大学改革支援・学位授与機構により学士の学位を授与された者又は専門職大学前期課程を修了した者で、その後1年以上労働衛生の実務に従事した経験を有するもの
	1-3	省庁大学校[注②]を卒業（修了）した者で、その後1年以上労働衛生の実務に従事した経験を有するもの
	1-4	専修学校の専門課程（2年以上・1700時間以上）の修了者（大学入学の有資格者に限る）などで、その後大学等において大学改革支援・学位授与機構により学士の学位を授与されるのに必要な所定の単位を修得した者で、その後1年以上労働衛生の実務に従事した経験を有するもの
	1-5	指定を受けた専修学校の専門課程（4年以上）を一定日以後に修了した者など（学校教育法施行規則第155条第1項該当者）で、その後1年以上労働衛生の実務に従事した経験を有するもの
	2	学校教育法による高等学校又は中等教育学校[注③]を卒業した者で、その後3年以上労働衛生の実務に従事した経験を有するもの
	8	10年以上労働衛生の実務に従事した経験を有するもの
	3	船員法による衛生管理者適任証書の交付を受けた者で、その後1年以上労働衛生の実務に従事した経験を有するもの
	4	高等学校卒業程度認定試験に合格した者、外国において学校教育における12年の課程を修了した者など学校教育法施行規則第150条に規定する者で、その後3年以上労働衛生の実務に従事した経験を有するもの
	5-1	専門課程又は特定専門課程の高度職業訓練のうち能開則別表第6により行われるもの[注④]を修了した者で、その後1年以上労働衛生の実務に従事した経験を有するもの
	5-2	応用課程の高度職業訓練のうち能開則別表第7により行われるものを修了した者で、その後1年以上労働衛生の実務に従事した経験を有するもの
	6	普通課程の普通職業訓練のうち能開則別表第2により行われるもの[注④]を修了した者で、その後3年以上労働衛生の実務に従事した経験を有するもの
	7	旧専修訓練課程の普通職業訓練[注④]を修了した者で、その後4年以上労働衛生の実務に従事した経験を有するもの
	9-1	外国において、学校教育における14年以上の課程を修了した者で、その後1年以上労働衛生の実務に従事した経験を有するもの
	9-2	特別支援学校（旧盲学校、聾学校又は養護学校）の高等部を卒業した者など学校教育法第90条第1項の通常の課程による12年の学校教育を修了した者で、その後3年以上労働衛生の実務に従事した経験を有するもの
	9-3	朝鮮大学校（4年制学科）を140単位以上取得して卒業した者で、その後1年以上労働衛生の実務に従事した経験を有するもの

注① 大学、短期大学、高等専門学校には、専修学校、高等専門学校以外の各種専門学校、各種学校等は含まれません。
　② 「省庁大学校」には、防衛大学校、防衛医科大学校、水産大学校、海上保安大学校、職業能力開発総合大学校の長期課程・総合課程、気象大学校の大学部及び国立看護大学校の看護学部看護学科（それぞれ旧法令による同等のものを含む）が該当します。
　③ 中等教育学校とは中高一貫教育の学校のことで、中学校ではありません。
　④ 改正前の法令により当該訓練と同等とみなされるものを含みます。

（2） 受験申請手続き

　受験申請する場合は、受験しようとするそれぞれのセンターに受験申請書を郵送するか又は直接窓口に持参します。

　受験申請には試験協会が指定する所定の用紙を使用します。

　受験申請書は、各センター及び各都道府県労働基準（安全衛生）協会（連合会）等で配布しています。申請に際しての必要書類の一覧及び試験手数料の払込み用紙等も、これに綴込みにしてあります。

　なお、障害のため受験にあたり特別な配慮を希望する場合は、事前にセンターに申し出ていただくことになっています。

（3） 申請書の受付期間

　受付期間は、それぞれの第1受験希望日の2カ月前から14日前まで（当日消印有効、センターに直接持参して申請する場合は休日を除く2日前まで）となっています。ただし、受験者数が試験定員を超えたときは、その時点で受付が締め切られ、第2希望日となります。

（4） 試験結果の発表

　試験の結果は、合格の場合は「免許試験合格通知書」それ以外の場合は「免許試験結果通知書」により直接受験者に通知されます。また、合格者については試験を実施したセンターの掲示板と試験協会のホームページに合格者一覧表（受験番号のみ）が一定期間掲示されます。

4　試験の内容

（1）　試験科目及び試験範囲

イ　試験科目と試験範囲

（第一種衛生管理者免許試験）

試験科目	試　験　範　囲
労働衛生	衛生管理体制　作業環境要素　職業性疾病　作業環境管理　作業管理　健康管理　メンタルヘルス対策　健康の保持増進対策　労働衛生教育　労働衛生管理統計　救急処置　事業場における安全衛生の水準の向上を図ることを目的として事業者が一連の過程を定めて行う自主的活動（危険性又は有害性等の調査及びその結果に基づき講ずる措置を含む。）
関係法令	労働基準法　労働安全衛生法　作業環境測定法及びじん肺法並びにこれらに基づく命令中の関係条項
労働生理	人体の組織及び機能　環境条件による人体の機能の変化　労働による人体の機能の変化　疲労及びその予防　職業適性

（第二種衛生管理者免許を受けた者に関する特例の第一種衛生管理者免許試験）

試験科目	試　験　範　囲
労働衛生	作業環境要素（有害業務に係るものに限る。）　職業性疾病　作業環境管理（有害業務に係るものに限る。）　作業管理（有害業務に係るものに限る。）　健康管理（有害業務に係るものに限る。）
関係法令	労働基準法及び労働安全衛生法並びにこれらに基づく命令中の関係条項（有害業務に係るものに限る。）　作業環境測定法及びじん肺法並びにこれらに基づく命令中の関係条項

（第二種衛生管理者免許試験）

試験科目	試　験　範　囲
労働衛生	衛生管理体制　作業環境要素（有害業務に係るものを除く。）　作業環境管理（有害業務に係るものを除く。）作業管理（有害業務に係るものを除く。）　健康管理（有害業務に係るものを除く。）　メンタルヘルス対策　健康の保持増進対策　労働衛生教育　労働衛生管理統計　救急処置　有害業務に係る労働衛生概論　事業場における安全衛生の水準の向上を図ることを目的として事業者が一連の過程を定めて行う自主的活動
関係法令	労働基準法及び労働安全衛生法並びにこれらに基づく命令中の関係条項（有害業務に係るものを除く。）
労働生理	人体の組織及び機能　環境条件による人体の機能の変化　労働による人体の機能の変化　疲労及びその予防　職業適性

ロ　試験科目の免除

3（1）受験資格3に該当する方は、試験科目のうち「労働生理」の免除を受けることができます。

（2）　試験開始時間及び試験時間

試験は、午後1時30分より行われます。試験時間は第一種衛生管理者免許試験、第二種衛生管理者免許試験はそれぞれ全科目を通じて3時間ですが、労働生理が免除される方の試験時間は2時間15分です。また第二種衛生管理者免許を有する方が第一種衛生管理者免許試験を受ける場合は特例の第一種衛生管理者免許試験として全科目を通じて2時間となっています。

（3）　出題形式

試験は筆記試験で行われ、出題形式は五肢択一であり、解答にはマークシート方式の解答用紙が使われています。

（4）　配点及び出題数

試験科目の出題数及び配点は、次表のとおりです。

（第一種衛生管理者免許試験）

試験科目	範　　囲	出題数	配　点
労働衛生	有害業務に係るもの	10問	80点
	有害業務に係るもの以外のもの	7問	70点
関係法令	有害業務に係るもの	10問	80点
	有害業務に係るもの以外のもの	7問	70点
労働生理		10問	100点
合計		44問	400点

（特例の第一種衛生管理者免許試験）

試験科目	出題数	配　点
労働衛生（有害業務に係るものに限る。）	10問	80点
関係法令（有害業務に係るものに限る。）	10問	80点
合計	20問	160点

（第二種衛生管理者免許試験）

試験科目	出題数	配　点
労働衛生（有害業務に係るものを除く。）	10問	100点
関係法令（有害業務に係るものを除く。）	10問	100点
労働生理	10問	100点
合計	30問	300点

（5）　合否の判定

　それぞれの試験科目（範囲が分かれているものはそれぞれの範囲）ごとの得点が（4）に掲げる配点の40％以上であり、かつ、全科目の合計得点が満点の60％以上である場合を合格とされます。

5　その他

（1）試験に合格した方は、免許申請書に「免許試験合格通知書」等を添付し、東京労働局免許証発行センターに免許申請を行ってください。

（2）試験の詳細、最新情報の確認等は、同ホームページ（下記アドレス）での確認、各センター又は協会本部への照会により行ってください。

　　公益財団法人　安全衛生技術試験協会

　　〒101-0065　東京都千代田区西神田3-8-1千代田ファーストビル東館9階

　　電話 03-5275-1088　ホームページ https://www.exam.or.jp/

〔執筆者紹介〕
中央労働災害防止協会
関東安全衛生サービスセンター（関東センター）
同センターでは、衛生管理者受験準備講習会や衛生管理者を対象とした各種講座を実施している。本書は、その講義を担当する労働衛生コンサルタント等が、これまでのノウハウをもとに、公表試験問題の分析をし執筆した。

令和6年度版
第2種　衛生管理者試験問題集
解答&解説

令和6年3月22日　第1版第1刷発行

編　　　者　中央労働災害防止協会
発　行　者　平山　　剛
発　行　所　中央労働災害防止協会
　　　　　　〒108-0023
　　　　　　東京都港区芝浦3丁目17番12号
　　　　　　　　　　　　　　吾妻ビル9階
　　　　　　電話　販売　03（3452）6401
　　　　　　　　　編集　03（3452）6209
印刷・製本　株式会社丸井工文社
カバーデザイン　株式会社 KeyProCreative

落丁・乱丁本はお取り替えいたします。　©JISHA 2024
ISBN 978-4-8059-2143-2　C3060
中災防ホームページ　https://www.jisha.or.jp/